To Nurture the Soul of a Nation:
Latino Families, Catholic Schools, and Educational Opportunity

A REPORT OF

The Notre Dame Task Force on the
Participation of Latino Children and
Families in Catholic Schools

12 DECEMBER 2009
Feast of Our Lady of Guadalupe

Copyright © 2009

Alliance for Catholic Education Press
at the University of Notre Dame
158 IEI Building
Notre Dame IN 46556
http://www.nd.edu/~acepress

All rights reserved.

ISBN 978-0-9819501-7-4

Spanish translation by Miguel Arias

Cover design by Mary Jo Adams Kocovski
Text design by Julie Wernick Dallavis

Special thanks to those who contributed photographs to this report: Escuela de Guadalupe, Denver, CO; Mother of Sorrows School, Los Angeles, CA; St. Ann School, Chicago, IL; St. Anthony School, Harlingen, TX; St. Augustine School, Dallas, TX; St. Mary of Carmel School, Dallas, TX; St. Rose of Lima School, Denver, CO; Christian Dallavis; Clarisel Gonzalez; and Matt Cashore, University of Notre Dame Photographer.

Table of Contents

Section 1	Preface	4
Section 2	Introduction	6
Section 3	The University of Notre Dame's Response	12
Section 4	Our Latino Community	18
Section 5	Summary of the Findings of the Task Force	21
Section 6	Findings: Obstacles and Opportunities	25
Section 7	Recommendations	41
Section 8	Conclusion	60
Notes		61
Appendix		63

Preface

It is difficult to think about the participation of the Latino community in American Catholic schools without calling to mind Our Lady of Guadalupe, patroness of the Americas. In 1531, the Virgin Mary appeared to an indigenous man on Mount Tepeyac, near Mexico City, calling out, *"¡Juan Diegito, el mas pequeño de mis hijos!"* "Dearest Juan Diego, the smallest of my children!" To signal the new life she represented, *la virgen morena* (the brown virgin) sent Juan Diego to the top of a barren hill in the middle of winter, where he found a miraculous field of roses. The blooming of roses in December on that desert hilltop, along with Our Lady's image on San Juan Diego's cloak, represented the beginning of a new era—one of dignity and salvation—for the people of the Americas.

As we have watched the Latino population in the United States grow while more than 1,400 Catholic schools have closed their doors this decade, we know too well the chill of diminished opportunities for our nation's urban communities, many of which are increasingly Latino. Every Catholic school that closes represents a lost opportunity to educate a Hispanic child, to improve the lot of a Latino family, to benefit the common good. These newly empty buildings and the city centers where they are found are too often, like the desert summit of Mount Tepeyac, barren and lifeless.

But like Juan Diego, we must seek out the new life that Our Lady of Guadalupe has made possible, even in the midst of the chill of winter. And so we search for signs of hope, for "roses in December," with benefit from the educational, social, and spiritual advantages of Catholic schooling while simultaneously reversing the trend of urban Catholic school closures that disproportionately affect Latino communities and

> *With hope and faith, we can find extraordinary—even miraculous—stories of urban Catholic schools serving Latino communities with zeal and tenacity, in the most unlikely of places.*

faith that disciplined inquiry and dedicated belief will bear fruit. This Task Force report demonstrates that we can find extraordinary—even miraculous—stories of urban Catholic schools serving Latino communities with zeal and tenacity, in the most unlikely of places and with exceptional results.

Our goal with this report is to shine a light on those schools, those roses in December, in order to identify ways to attract and support the Latino community's fuller participation in Catholic schooling in the United States. For the University of Notre Dame, this report is a first step toward a long-term commitment to attract and support the Latino community through U.S. Catholic schools. In it, this task force puts forth an audacious challenge: for the Church to provide a Catholic school advantage to 1 million Hispanic children within a decade. Doing so will entail doubling the percentage of Latino children, from 3 percent to 6, who currently

other populations in dire need of effective schools.

We offer these reflections and recommendations in the spirit of San Juan Diego, with prayerful faith that the roses in December described here might enliven Catholic schools—and through them, Latino communities and the common good—just as Our Lady of Guadalupe brought new life, first to the barren hillsides of Tepeyac and then to all the Americas.

In Notre Dame,

Rev. John I. Jenkins, CSC
President

December 12, 2009
Feast of Our Lady of Guadalupe

UNIVERSITY OF NOTRE DAME

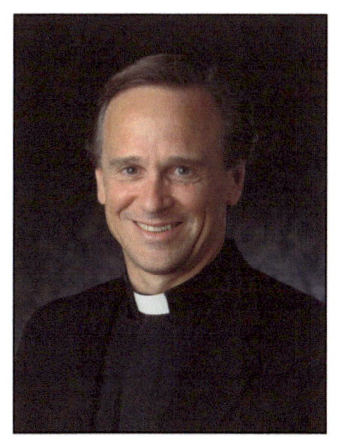

Introduction

> *"We've turned old lumber into computer tables, cardboard boxes into window shades and hundreds of at-risk children into high school graduates. It's our modest attempt to follow a man who turned a few loaves and fishes into a meal for thousands."*

These words—used to describe St. Rose of Lima Catholic School in an informational brochure—capture the vibrant purpose and achievement of the students, parents, teachers, and leadership embodied by this Catholic elementary school located in a low-income, predominantly Latino neighborhood in the Archdiocese of Denver. And the achievement of St. Rose graduates warrants the comparison to the miracles of Jesus: In a city where less than 20 percent of Latino male eighth graders graduate from high school, every Latino male graduate of St. Rose elementary school goes on to graduate from high school with a real opportunity to realize his full human potential. Over the past 15 years, St. Rose of Lima alumni boast a 98 percent high school graduation rate, compared to 53 percent for Latinos nationally and less than 30 percent for Latinos in Denver.[1]

By comparing their efforts to the miracle of the loaves and fishes, the school community of St. Rose suggests that the school is a miracle, and in some ways, it is. Parish resources are scarce; the parish itself is, at 300 families, very small, and even with financial assistance from the archdiocesan foundation, *Seeds of Hope*, most school families must make tremendous financial sacrifices to educate their children at

St. Rose. According to Tanya Garcia, a parent with two children at St. Rose, "I could go to the public school free. But for me it's worth it to pay for this education because not only are we getting academics, but we're getting the religious reinforcement, the Catholic lifestyle reinforcement." Mrs. Garcia's conviction, echoed by many other parents, that the academic rigor, the strong sense of welcome and community, the emphasis on character formation, and a counter-cultural religious identity are hallmarks of St. Rose were articulated by the pastor, principal, and faculty in separate conversations as well. Blessed with strong and unified leadership, a dedicated and superb faculty, and abundant, purposeful parental involvement, St. Rose of Lima is a special school. And in light of the pervasive Catholic school closures of the past decade, it certainly feels miraculous to encounter an urban Catholic school with a waiting list serving low-income families.

And yet, if we explain this school as a miracle, we risk blinding ourselves to seeing what sheer grit and innovative thinking—in the context of faith—can accomplish. God at times chooses to bless with grace—sometimes in miraculous abundance—unstinting commitment to serve God's children. Indeed, St. Rose *is* a miracle! But it is not unique, for similar success stories, similar "miracles," can be found in a variety of cities and contexts across the United States. When we look beyond the hundreds of Catholic schools that have closed in the past decade—when we seek out the St. Roses and study their success—we see that the sorts of miracles that make St. Rose successful are within the reach of many others.

Success stories like St. Rose's can be found in cities across the United States. While it is true that hundreds of urban Catholic schools have closed every year for the past decade, thriving urban Catholic schools can be found in Los Angeles, Dallas, New York, Chicago, Memphis, Tucson and elsewhere.

Success stories like St. Rose's can be found in cities across the United States.

Unless those success stories can be replicated broadly, however, the story of Catholic schooling in the first decade of the 21st century will almost certainly focus instead on the hundreds of schools that have closed since 2000. This story can be seen at Easton Catholic, a parish school in a mid-sized industrial city in the Diocese of Allentown. Citing financial struggles born of a declining enrollment that recently slipped below 100 students, in 2009 the diocese closed the school's doors after decades of service to the local Catholic community.

Founded to serve Catholics from Italy, Easton Catholic (originally St. Anthony until renamed in the early 1970s as a consolidation of three parish schools) experienced a host of challenges over the past few decades: a teaching force in

transition from vowed religious to lay; rapidly rising personnel costs; changing demographics in the local neighborhood; a shift in the local economy from manufacturing to service; and the attendant financial challenges related to these changes. Sadly, we know this story all too well, as it has been played out in literally hundreds of parishes across the country. Since 2000, more than

Since 2000, more than 1,400 Catholic schools have closed and nearly half a million students are no longer in Catholic schools.

1,400 Catholic schools have closed and nearly half a million students are no longer in Catholic schools.

And yet, the steady decline in enrollment and eventual closure of Easton Catholic was not inevitable. Its neighborhood has no fewer school-age children than it did when it was enrolled to capacity just 40 years ago. In fact, there are no fewer Catholics in the neighborhood—the largely Italian-American population has been replaced by a largely Hispanic population. Indeed, census data tell us that over 800 Latino children ages 5 to 14 live within walking distance of the now-empty Easton Catholic school building.

For Rev. Joseph Corpora, CSC, a Catholic priest and a graduate of Easton Catholic, the school provided a critical formative experience in his life. In an op-ed in his hometown paper upon learning of its closure, he wrote, "The education and formation that I received there for nine years shaped and marked my life forever. I will always be grateful." In his letter, Fr. Corpora, himself a pastor responsible for Catholic schools in urban communities for the past 20 years, mourned the loss of this school in his home community, describing the task of keeping "a parish alive, active, strong and nurturing vocations" is, in the absence of a parish school, "like keeping the lights on at the cemetery."

Certainly each of the Catholic schools that have been closed represents a loss to the Church in terms of missed opportunities to form young people in faith, but each closed Catholic school also represents a lost opportunity for the local community and the common good. Research tells us that if the Hispanic Catholic children living near Easton Catholic had an opportunity to attend a Catholic school, they would be 42 percent more likely to graduate from high school and two and a half times more likely to

Saving Taxpayers $20 Billion Annually

The success of Catholic schools is important to the Catholic community but has implications for the greater common good as well. As the largest alternative to public schooling, Catholic schools help keep public schools accountable to the public, and their viability ensures that Catholic schools continue to save public schools billions of dollars each year. For example, it costs Chicago city schools more than $10,000 annually to educate each elementary school student and more than $13,000 to educate each high school student. By educating 96,197 students in the 2007-2008 school year, Catholic schools in the Chicago area saved the public school system $1,031,415,280.[2] Nationally, Catholic schools save taxpayers more than $20 billion.[3]

graduate from college.[4] Similarly, a recent study in Los Angeles found that 98 percent of low-income, minority children who attend Catholic schools graduate from high school in four years, compared to only 66 percent of public school students.[5]

Decades of research tell us that no system of schools—charter, private, or public—has demonstrated such proven effectiveness for children most vulnerable to unsatisfactory schooling.[6] Research also tells us that Catholic school graduates are more tolerant of diverse views, are more likely to vote, are more likely to be civically engaged, and even earn higher wages than their public school peers.[7] And no system of schools achieves this success with such dramatic economic efficiency, typically educating students at less than half of the cost of neighboring public and charter schools.[8] So just as bishops, pastors, educators, and parishioners mourn the loss of Catholic schools as effective venues for transmitting the faith from generation to generation, so too should local communities mourn the closing of each school as remarkably effective educational institutions that have been successful at erasing the American achievement gap for low-income and minority children.

And the effects of that achievement gap are far-reaching and pernicious. They impact us all. A recent analysis by McKinsey & Company determined that achievement shortfalls have dramatic effects on the national economy and the common good.[9] The report found that the achievement gap "imposes on the United States the economic equivalent of a permanent national recession," inhibiting the gross domestic product (GDP) by as much as $525 billion—or 4 percent of the U.S. GDP—annually. These findings make it all the more alarming that 18 percent of Catholic schools—the only schools that have a researched track record of closing the achievement gap—have closed in the past decade at the very same time that the Hispanic population has grown rapidly across the country.[10]

The success of St. Rose and the closure of Easton Catholic call to mind dozens of questions. How is it that two schools in such similar circumstances can diverge so radically? What leads one school to close while the other adapts and thrives?

Why, nationally, do only 3 percent of school-age Hispanic children attend Catholic schools, especially when research has demonstrated convincingly that Catholic schools are especially effective at closing the achievement gap for minority students? Given Catholic schools' established track record of success, why are Latinos so decisively underrepresented in Catholic schools?

The Catholic School Advantage

Sociologists have described a "Catholic school effect," which describes the educational benefits that accrue to children who attend Catholic schools.[11] In this report, we refer to this effect as the "Catholic school advantage," a broad range of advantageous holistic outcomes connected to Catholic schools, which are most pronounced for low-income, minority students. In reality, there are many dimensions to the Catholic school advantage, including higher graduation rates, demonstrated records of academic achievement, character formation, civic engagement, and a variety of prosocial and pro-ecclesial effects.

Research tells us that if the Hispanic Catholic children living near Easton Catholic had an opportunity to attend a Catholic school, they would be 42 percent more likely to graduate from high school and two and a half times more likely to graduate from college.

And, perhaps even more alarmingly, why is this gap growing year by year? To what extent do Latino parents value Catholic education for their children? To what extent

For the future of the Latino community that is so well-served by Catholic schools, it is imperative that we not only stop closing effective Catholic schools, but that we fill them to capacity and open more.

do they feel a sense of ownership for Catholic schools in their neighborhoods? To what extent do finances and tuition play a role in Hispanic families' decisions about education? What effect does school environment have on attracting and retaining Latino students? How effectively are Catholic schools marketing themselves to Latino families and others who could benefit from a Catholic education? Are there significant connections between governance models and leadership that impact enrollment?

These questions must be considered in the light of three crucial facts. First, Catholic schools serve Latino and other underserved students well. The research on this point is established and clear, and sociologists have come to call this phenomenon the "Catholic school effect."[13] Second, most Catholic schools currently operate below capacity and will become stronger, more robust institutions, more attuned to their mission, by enrolling more Hispanic students. Third, in the United States, Latinos now comprise 35 percent of all Catholics[14] and 67 percent of practicing Catholics aged 18-34,[15] and the U.S. Census Bureau predicts that Latino populations will continue to grow dramatically. By the year 2050, more than 30 percent of Americans will self-identify as Hispanic,[16] and so the Church itself needs to respond with imagination and urgency at this historic juncture.

At the close of a decade that has seen the lamentable persistence of the Latino achievement gap and has also seen the closure of more Catholic schools than any other, the University of Notre Dame has convened a task force to study and address these questions. This report reflects what we have learned about how to strengthen and sustain Catholic schools to serve the growing Latino population that soon will comprise the majority of American Catholics. For the future of the Latino community that is so well-served by Catholic schools, it is imperative that we not only stop closing effective Catholic schools, but that we fill them to capacity and open more. For the future of the Church and our country, it is critical

CNS Photo

To Nurture the Soul of a Nation

In his 2008 address to U.S. Catholic educators, Pope Benedict XVI implored his audience: "Do not abandon the school apostolate; indeed, renew your commitment to schools, especially those in poorer areas." Fully aware of the financial challenges facing contemporary Catholic schools, Benedict exhorted: "Their long-term sustainability must be assured. Indeed, everything possible must be done, in cooperation with the wider community, to ensure that they are accessible to people of all social and economic strata. No child should be denied his or her right to an education in faith, which in turn nurtures the soul of a nation."[12]

> **A Beacon of Hope**
>
> Stories of hope for urban Catholic schools are not hard to find. Consider St. Anthony, a parish elementary school in the Archdiocese of Milwaukee. Currently the largest Catholic elementary school in the nation, St. Anthony is filled to capacity with more than 1,000 Latino children in grades Pre-K to 9. Like the now-closed Easton Catholic, St. Anthony is located in an economically disadvantaged urban center that has seen a demographic shift from European to Latin American residents over the past decades. But as Easton Catholic closed its doors, St. Anthony has been scrambling to open new ones. Indeed, the school has grown so quickly over the past decade that the parish has had to rent out office space for classrooms, has added a second campus, and has just opened a new Catholic high school. St. Anthony's reflects several of the best practices identified by the task force, but the two most important factors contributing to St. Anthony's success are financial and organizational. First, families benefit from the nation's oldest voucher program, which allows low-income parents the opportunity to choose a Catholic education for their children even if they would not ordinarily be able to afford private schooling. Second, St. Anthony holds students to high expectations for academic achievement and implements a no-excuses school culture that produces real results in their daily class work, language proficiency, and on national tests of reading and mathematics. As promotional materials claim, St. Anthony School is indeed a "beacon of hope."

that we preserve these incubators of intellectual growth, faith, character, civic responsibility, and leadership for the common good.

On this Feast of Our Lady of Guadalupe, the University of Notre Dame offers this report, the work of a national task force convened one year ago today and charged to study the participation of Latino children and families in Catholic schools, to make key recommendations, and to develop an implementation plan to increase demand for and access to Catholic schools for Latino families, with special emphasis on those from low-income backgrounds who stand to gain the most from participation in these institutions.

Currently, only 3 percent of Latino school-age children attend Catholic school in the United States. The goal of this task force is to make recommendations and implement initiatives that will double that percentage within a decade. Given population growth estimates, this goal means increasing the national enrollment of Latino children in Catholic schools from 290,000 to over 1 million students, thus greatly enhancing the quality of the lives of thousands—indeed, millions—of Latino families. We can, and we must, meet this challenge and this historic opportunity.

The goal of this task force is to make recommendations and implement initiatives that will increase the national enrollment of Latino children in Catholic schools to over 1 million students.

The University of Notre Dame's Response

In 2005, in response to the pastoral statement issued by the United States Conference of Catholic Bishops, *Renewing Our Commitment to Catholic Elementary and Secondary Schools in the Third Millennium*, the University of Notre Dame convened a national task force to study ways to strengthen Catholic schools. The task force sought to develop a strategy to meet the four major needs registered by the United States bishops in their pastoral statement:

- To strengthen Catholic identity
- To attract and form talented leaders
- To ensure academic excellence
- To finance Catholic schools so that they are accessible for all families

As this year-long national study proceeded, one common denominator emerged across all four themes: Catholic schools need to reach out more effectively to serve, engage, and empower the Latino community. Indeed, the bishops explicitly address this point in *Renewing Our Commitment*: "We must also serve the increasing Hispanic/Latino population….Catholic parishes and schools must reflect this reality and reach out and welcome Hispanics and Latinos into the Catholic faith communities in the United States."[17]

The task force's final report, *Making God Known, Loved, and Served: The Future of Catholic Education in the United States*,[18] published on the Feast of the Immaculate Conception in 2006, described a number of initiatives in response to this recommendation, including the development of Notre Dame's English as a New Language program. There was, however, widespread recognition by the task force that more intensive and focused study was needed to address the complex, multifaceted issues surrounding Hispanic participation in Catholic schools. While the University alone could muster a traditional research report to describe the problem and make recommendations, it seemed clear that the counsel of outside experts—particularly practitioners and leaders in the Latino community nationally—would be critical to conduct on-the-ground research and shape the recommendations essential to contribute to increasing Latino enrollment nationally while stemming the tide of Catholic school closures.

In December 2008, therefore, University of Notre Dame President Rev. John Jenkins, CSC, commissioned a second task force to direct strategically targeted inquiry into the challenges and opportunities related to the participation of Latino families and children in Catholic schools. The task force is co-chaired by Dr. Juliet Garcia, president of the University of Texas-Brownsville and a leading national figure in the Latino community, and Rev. Joseph Corpora, CSC, a Holy Cross priest and former pastor with two decades of experience founding, turning around, and growing urban Catholic schools in Latino communities. The task force includes 52 thought-leaders working in Catholic schools and with the Latino population, including bishops, diocesan superintendents, pastors, school leaders, teachers, philanthropists, community organizers, marketing experts and leaders of national organizations like the National Catholic Educational Association, the United States Conference of Catholic Bishops, the Hispanic Council for Reform and Educational Options, and the National Council of La Raza.

The task force comprised six teams that conducted careful analysis in four major areas: school environment, marketing, finance, and school leadership. One team was devoted to exploring each of these areas, with two additional teams

The task force includes 52 thought-leaders working in Catholic schools and with the Latino population, including bishops, diocesan superintendents, pastors, school leaders, teachers, philanthropists, community organizers, marketing experts and leaders of national organizations.

Rev. Timothy R. Scully, CSC
Director, Institute for Educational Initiatives
University of Notre Dame

"We face an urgent moral imperative to serve our nation and our faith by making the Catholic school advantage accessible to millions of talented, underserved Latino children."

Gilberto Cárdenas
Director, Institute for Latino Studies
University of Notre Dame

"In Catholic schools, Latino families should find places where their children are surrounded by the faith, values, and culture of the home."

Alliance for Catholic Education and the Institute for Latino Studies

Throughout the task force process, the Alliance for Catholic Education (ACE) and the Institute for Latino Studies (ILS) at the University of Notre Dame have served as headquarters for the task force, taking advantage of the extensive national networks ACE and ILS have developed over the past 15 years.

Founded in 1993 by Rev. Timothy Scully, CSC, and Rev. Sean McGraw, CSC, the ACE program sustains and strengthens under-resourced Catholic schools through leadership formation, research, and professional service to ensure that all children, especially those from low-income families, have the opportunity to experience the gift of an excellent Catholic education.

In 1999, the University of Notre Dame established the Institute for Latino Studies, which supports interdisciplinary initiatives to foster understanding of the U.S. Latino experience. Led by sociologist Gilberto Cárdenas, named three times by Hispanic Business Magazine as one of the 100 most influential Latinos in the United States, the ILS supports the mission, tradition, and distinctively Catholic values of Notre Dame by conducting research and providing policy information about Latino communities, promoting and developing Latino-focused scholarship at the University, and engaging in community outreach on campus and beyond.

Through ACE and the ILS, the University has developed trusted working relationships with dozens of diocesan school offices and Latino community leaders and organizations, including more than 1,200 ACE graduates, many of whom are Latino leaders themselves or have extensive experience working with the Latino community.

"Much is at stake. No less than the future generation of leaders for our country. Catholic schools must remain a steady and strong conduit for the many new generations of Latinos at their doorstep. Never has their success been so important to our nation and to the future of the Catholic Church."

Juliet García
President
The University of Texas at Brownsville
Task Force Co-Chair

"My own life has been greatly shaped and formed by my Catholic education. I hope that our work can make a Catholic education possible for thousands and thousands more children. Please God."

Rev. Joseph Corpora, CSC
Director, University-School Partnerships
Alliance for Catholic Education
Task Force Co-Chair

"The Guadalupana vision of a culture enlivened by faith challenges us to open for Latino children the rich opportunity of a Catholic school education."

The Most Rev. Jaime Soto
Bishop of the Diocese of Sacramento

"Latino children deserve the best education possible, the type of education provided by Catholic schools. This project has the potential to change lives, to change families; indeed, to change entire communities."

Celestino Fernández
Professor of Sociology
University of Arizona

dedicated to supporting the overall work of the task force. A research team provided valuable background demographic and statistical information that informed the more focused work, and eventually the recommendations, of the area teams. A case studies team conducted site visits to dozens of exemplary Catholic schools serving Latino communities across the United States in order to provide on-the-ground, applied examples of particularly effective structures, services, and practices.

These visits were designed to ensure that the recommendations of the area-focused sub-teams would be anchored in real-world best practices and that they would be clearly illustrated with thick description. Exemplary schools were chosen to reflect a variety of demographic regions and contexts in order to find and share lessons applicable to a wide variety of schools and systems. As the work of the task force proceeded, it became increasingly clear that successful strategies exist and that one important role of the task force would be to collect and present, from a national platform, field-tested recommendations. By exam-

Rev. Allan Figueroa Deck, SJ
Executive Director
Secretariat of Cultural Diversity in the Church
USCCB

"The Latino presence, more than any other factor, offers Catholic education the opportunity to renew itself and face the vexing challenges of the 21st century. We are being presented with a fundamental choice that we ignore at our peril."

ining best practices and focusing on the realm of the possible, the task force hopes to design and promote a plan for identifying effective strategies and bringing them to scale.

Through this process, we learned that numerous dioceses, schools, and universities have been engaging these issues independently. Given the crisis facing urban Catholic schools and the ethnic and other demographic shifts in the composition of the Church, we were not surprised that others were wrestling with these same issues, and their insights and experience advanced this work considerably. For example, the Archdiocese of New York, the Diocese of Arlington, the Specialty Family Foundation, and others have engaged in strategic planning processes, outreach programs, market research, and other efforts to improve the capacity of Catholic schools to serve Latino families. We are grateful for their willingness to share their findings with this task force. We fully expect that the publication of this report will bring more such efforts on the part of Catholic institutions and individuals to our attention, and we hope this report will spark both an on-going national

Sr. Rosann Ruiz, FMA
President
St. John Bosco School, San Antonio, TX

"A quiet reality is that Catholic education has had a big part to play in the health and prosperity of this nation. A stunning realization is the future of this nation without it."

"Most of our Latino leaders today have gone through some phase of Catholic education; as our numbers increase so does our responsibility to both Church and society. Catholic schools have been and will continue to be crucial for the development of Latino Catholic leadership."

Rev. Virgilio Elizondo
Professor of Pastoral and Hispanic Theology
University of Notre Dame

Theresa Fragoso
Director of Programs
Catholic Education Foundation
Los Angeles, CA

"Catholic schools give Latino children the environment, encouragement and moral values needed to become well-rounded citizens who will always come back to serve their family, their parish, and their community."

Sara Martinez Tucker
Former Under Secretary of Education
U.S. Department of Education

"Starting my education in a Catholic school changed the trajectory of my life. I want all Hispanic children to have that chance."

Anthony Colón
President
Hispanic Council for Reform and Educational Options

"I believe that a Catholic education is a viable option for our community."

The Most Rev. Oscar Cantú
Auxiliary Bishop of the Archdiocese of San Antonio

"Catholic schools help to ensure a bright future for their students, while the Latino family can help to ensure the continuing mission of Catholic schools."

conversation and sustained action in Catholic communities across the United States.

While we hope this report provides a meaningful roadmap for achieving the goal of seating 1 million Latino children in Catholic schools by 2020, we also recognize that the publication of this report represents only the first step in what will be a long journey. Some may ask, "What can a school in northern Indiana that calls itself the home of the 'Fighting Irish' do for Catholic schools serving Hispanic communities in South-Central Los Angeles or Spanish Harlem?" The University of Notre Dame recognizes that it can only play a part in what must be a larger mobilization of resources and energy among religious, civic, philanthropic, educational, and government leaders. It is with great humility that the University recognizes the enormity of the task at hand. After a year of study, we recognize that this report will only begin to shed light on some of the obstacles and opportunities we can expect to encounter, and we certainly do not purport to have all the answers. This publication will, we hope, catalyze a national conversation, and we expect to follow this report with others on a regular basis to share news of the progress we hope to see, to provide resources for those who share our goal, to report new research and strategies that we uncover, and to continue to refine the recommendations we set forth in this document.

Hispanic or Latino?

In bringing together leaders from across the nation, it quickly became clear that the terms "Hispanic" and "Latino" both had limitations, and neither term was entirely embraced by everyone on the task force. The task force discussed the nuanced differences between "Latino" and "Hispanic," recognizing various connotations and preferences attached to each. We recognize the diversity of the people these terms are meant to represent: While these terms can be used to refer to people who may have arrived just yesterday from the southern tip of Chile, they are also used to refer to people whose families were among the first to settle parts of California, Arizona, New Mexico, Colorado, Texas, and Florida. The terms are often used to refer to native Spanish speakers, but they can also refer to people whose families have been native English speakers for six generations. While these terms are limited and the categories they represent are, to some extent, artificially defined, we recognize that they also have some general utility given the real social, economic, and educational achievement differences between people who self-describe as Latino or Hispanic and those who do not.

For the purposes of this report, the task force has decided to use the terms "Latino" and "Hispanic" interchangeably to refer to people who live in the United States and who trace their ethnic backgrounds to the Spanish-speaking Caribbean, Mexico, Central, or South America.

The Notre Dame Task Force on the Participation of Latino Families and Children in K-12 Catholic Education

Jennifer Beltramo, Principal, Mother of Sorrows School, Archdiocese of Los Angeles
The Most Rev. Oscar Cantú, Auxiliary Bishop, Archdiocese of San Antonio
Gilberto Cárdenas, Director, Institute for Latino Studies, University of Notre Dame
Arturo Chávez, President, Mexican American Catholic College
Sunny Chico, President, SPC Consulting, LLC, Chicago, Illinois
Ryan Clark, Faculty of Supervision and Instruction, Alliance for Catholic Education
Anthony J. Colón, President, A.J. Colon Consulting, LLC, Columbia, Maryland
Reverend Joseph V. Corpora, CSC, Director, University-School Partnerships, University of Notre Dame
Rosemary Croghan, Founding Chair, Cristo Rey Jesuit High School, Chicago, Illinois
The Honorable Ted Cruz, Former Solicitor General of Texas
TJ D'Agostino, Special Projects Coordinator, Institute for Educational Initiatives, University of Notre Dame
Christian Dallavis, Director, Notre Dame ACE Academies, Alliance for Catholic Education
Richard Daniel, Assistant Vice President for Alumni and Constituent Relations, University of Texas at El Paso
Rev. Allan Figueroa Deck, SJ, Exec. Director, Secretariat of Cultural Diversity, United States Conference of Catholic Bishops
Rev. Virgilio P. Elizondo, Professor of Pastoral & Hispanic Theology; Fellow, Institute for Latino Studies and Kellogg Institute, University of Notre Dame
Rev. Mike Enright, Pastor, Immaculate Conception Parish, Archdiocese of Chicago
William Evans, Keough-Hesburgh Professor of Economics, University of Notre Dame
Celestino Fernández, Professor of Sociology, University of Arizona
Geno Fernández, Partner, McKinsey & Company, Los Angeles, California
Daniel Ferris, Assistant Superintendent of Catholic Schools, Diocese of Arlington
James F. Flaherty, Chairman and CEO, HCP, Inc., Long Beach, California
Margarita Flores, Senior Director of Community Relations, Anheuser-Busch Cos., Inc., St. Louis, Missouri
Theresa Fragoso, Director of Programs, Catholic Education Foundation, Los Angeles, California
Juliet V. García, President, University of Texas at Brownsville
Joseph Gelchion, Assistant Vice President for Development, University of Notre Dame
Maria Guarracino, Former Assistant to the Cardinal for Women, Archdiocese of New York
Juan Carlos Guzman, Post-Doctoral Scholar, Institute for Latino Studies, University of Notre Dame
Megan Hernández, Educator, Pasadena, California
Anthony Holter, Faculty, Mary Ann Remick Leadership Program, Alliance for Catholic Education
Joyce Johnstone, Ryan Senior Director of ACE Program Development, Alliance for Catholic Education
Packy Lyden, Program Director, Advancing Opportunities Initiatives, Institute for Educational Initiatives, University of Notre Dame
Rev. Jose Magana, Pastor, St Anthony Parish, Archdiocese of Los Angeles
Kathleen Mahoney, President, Porticus North America Foundation, New York, New York
Shane P. Martin, Dean, School of Education, Loyola Marymount University
Sr. Barbara Monsegur, CFMM, Principal, Lourdes Catholic High School, Diocese of Tucson
Rachel Moreno, Faculty of Supervision and Instruction, Alliance for Catholic Education
Sr. Judith Murphy, OSB, Director, Board Development, Office of Catholic Schools, Archdiocese of Chicago
Rev. Ronald J. Nuzzi, Senior Director, Mary Ann Remick Leadership Program, Alliance for Catholic Education
Stephanie Pries, Director of Investment Legal Affairs, University of Notre Dame
Thomas K. Reis, Program Director in Philanthropy and Volunteerism, W.K. Kellogg Foundation, Battle Creek, Michigan
Karen Ristau, President, National Catholic Educational Association, Washington, D.C.
Raul Romero, President and CEO, Alliance Consulting Group, Washington, D.C.
Sr. Rosann Ruíz, FMA, Principal, St. John Bosco School, San Antonio, Texas
John Schoenig, Former Director of Development, Alliance for School Choice; Law Student, University of Notre Dame
Rev. Timothy R. Scully, CSC, Director, Institute for Educational Initiatives; Professor of Political Science, University of Notre Dame
The Most Rev. Jaime Soto, Bishop, Diocese of Sacramento
Leisa Speer-Schultz, Superintendent of Catholic Schools, Archdiocese of Louisville
John Staud, Coordinator of Pastoral Formation and Administration, Alliance for Catholic Education
The Honorable Sara Martinez Tucker, Former Under Secretary of Education, U.S. Department of Education
Joel E. Urbany, Professor of Marketing, Mendoza College of Business, University of Notre Dame
Joe Walsh, Consultant, Buck Family Foundation, Chicago, Illinois
Rev. Richard V. Warner, CSC, Director of Campus Ministry, University of Notre Dame

Our Latino Community

Although the Latino population has grown rapidly since the 1970s, it is important to keep in mind that many who now identify as Latino/Hispanic have lived in the United States since the time Europeans made their way to the Americas, albeit with major concentrations in the Southwest and more recently in all major urban centers. By 2000, Latinos had become the largest minority group in the United States.[19] The percentage of Latino students in American schools has more than tripled since 1972, accounting for nearly one in five students by 2003.

The percentage of Latino students in American schools has more than tripled since 1972, accounting for nearly one in five students by 2003.

In the two largest school districts in the United States, New York and Los Angeles, Latinos account for the majority of students.[20] The influx of Latino students has contributed to a rise in the number of students who speak a language other than English at home, which had risen to 21 percent of all public school students by 2007.[21]

Recent immigration from Latin America accounts for much of this growth in diversity. And while previous waves of European immigrants tended to assimilate culturally and linguistically in a generation or two, contemporary Latino immigrant descendents maintain their cultural and linguistic ties with more persistence. For example, while it is not unexpected that 95 percent

of first-generation Latinos[22] in the United States speak both English and Spanish, it is striking that 90 percent of second-generation, 43 percent of third-generation, and 30 percent of fourth-generation Latinos have maintained the family's native tongue. This does not, however, mean that Latinos are not learning English; research suggests that for young people in the Latino community, true bilingualism—not Spanish monolingualism—is the norm, as 85 percent of children who speak Spanish at home also speak English well or very well.[23]

Large urban areas are home to particularly dense clusters of Latino students. Many of these children live in segregated ethnic enclaves, where students "are clustered into under-resourced, high-poverty schools that too often have not met the expectations of residents."[24] Latino students in particular find themselves in heavily segregated schools that "tend to be the most underfunded, with few advanced courses and the most low-level technical courses."[25]

Research underscores the failure of these urban schools for Latino students—both those whose families recently immigrated and those whose families have lived in the United States for several generations. In 2003, only 53 percent of Hispanic students graduated from high school with a regular diploma, a rate 25 points behind non-Hispanic whites.[26] And while college attendance rates have risen for African American and white students over the past few decades, Latino rates have not improved,[27] and Latinos complete bachelor's degrees at less than one third the rate of non-Latino white students.[28] Researchers have determined that only 16 percent of Hispanic students are considered college-ready, based on high school completion rates, curricular offerings, and literacy scores.[29] In 2006, 25 percent of 18- to 24-year-old Latinos enrolled in college, compared to 32 percent of blacks and 44 percent of non-Latino whites.[30] Perhaps most troubling are findings suggesting that "the educational progress of Mexican Americans does not improve over the generations;"[31] the achievement gap is evident even into the fourth-generation for Mexican Americans, for example, whose high school graduation rates lag 17 percent behind their white peers.[32]

By 2020, the U.S. Census Bureau projects 1.2 million Latino children will enter kindergarten. If the status quo is maintained, 720,000

> **Prominent Hispanic Catholic School Graduates**
>
> The Catholic school advantage can be especially beneficial in the Latino community. Research tells us that the advantage that comes with attending a Catholic school is significantly larger for Hispanics than for non-Hispanic whites. One need only look at the woman who has recently become America's highest profile Hispanic, Supreme Court Justice Sonia Sotomayor, a graduate of Blessed Sacrament School and Cardinal Spellman High School in the Bronx. Other prominent Latinos, among many others, who have attended Catholic schools include Bishop Jaime Soto of Sacramento, Auxiliary Bishop Oscar Cantú of San Antonio, secretary of the interior Ken Salazar, former under secretary of education Sara Martinez Tucker, Miami mayor Manny Diaz, former secretary of Housing and Urban Development Henry Cisneros, Los Angeles mayor Antonio Villaraigosa, former CEO of Coca-Cola Roberto Goizueta, presidential medal of freedom winner Dr. Pedro José Greer, Jr., and authors Richard Rodriguez, Sandra Cisneros, and John Philip Santos.

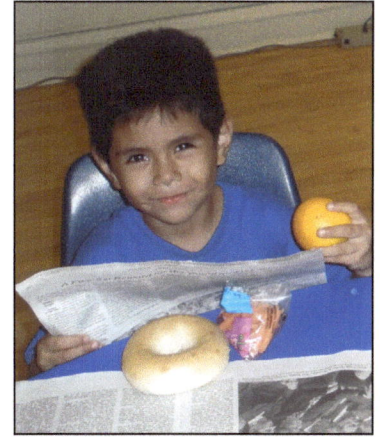

of these children will not graduate from high school. These eager young learners deserve to walk into schools that provide a rigorous, yet nurturing environment that will develop their academic, social, and spiritual selves.

The U.S. Census Bureau projects the Latino population in the United States will continue to grow rapidly, reaching 66.4 million by the year 2020, an 86 percent increase since 2000.[33] As the Latino population continues to grow, it is imperative that access to high-quality educational opportunities increase, not decrease. Latino families, particularly low-income families, currently have insufficient access to high-quality educational opportunities that can narrow the achievement gap and prepare Latino students for higher education while schools proven to reduce the achievement gap, Catholic schools, are closing at rapid rates.

For decades, research has consistently shown that Catholic schools educate young people uncommonly well for the common good. There is overwhelming evidence that low-income, minority students, more than any demographic group, benefit the most from access to a Catholic education—in academic achievement, civic engagement, and the development of character. In many of our nation's communities, Catholic schools have long been national treasures, institutions that have formed productive citizens and leaders.

As the Latino population continues to grow it is imperative that access to high-quality educational opportunities increase, not decrease.

Summary of the Findings of the Task Force

To understand better the nature of Hispanic participation in Catholic schools, the Task Force engaged in five distinct research efforts: demographic analysis, parent focus groups, surveys and interviews of principals, and case studies of successful schools.

Demographic Analysis

First, the research sub-committee used census and national survey data to conduct a broad analysis of demographic and economic trends in largely Hispanic urban areas to gauge the capacity of Catholic schools in those areas and to determine economic motivators for school choice decisions. Key findings include:

- For the 2007-08 school year, there were **over 691,000 empty seats in existing Catholic schools**, and 36 percent of those seats were in 13 states where the Latino population was either the largest population or the fastest-growing over the past 10 years.
- The **dioceses with the highest number of empty seats are located around the largest metropolitan areas with large numbers of Latinos**. The metropolitan areas of Chicago, Los Angeles, New York City, and Philadelphia not only have the highest number of empty seats but they are magnet Latino migration destinations from Mexico, Central America, and the Caribbean.
- The **number of Hispanics enrolled in Catholic schools has remained stagnant for the past 15 years** despite the robust increase in the Hispanic population. Or, in other words, the percentage of school-age Latinos in Catholic schools has declined.

Parent Focus Groups

The research sub-committee also coordinated and analyzed the results from focus groups of Latino parents who belong to parishes but do not send their children to Catholic schools to understand better parent motivations for school choices. Focus groups were conducted in Atlanta, Chicago, Los Angeles, New York, Phoenix, San Antonio, and South Bend. Key findings include:

- Major **areas of consensus emerged independent of differences** in participants' geographic locale, ethnic background, socioeconomic status, or generational time in the United States.
- **Parents uniformly expressed admiration and affection** for Catholic schools. They often indicated they would feel "more comfortable" with their children in a Catholic school.
- **Affordability** was the first and

most commonly cited reason why parents did not place their children in Catholic schools.
- **Parents often found it difficult to find information** about Catholic schools.
- Schools would be more attractive to the extent they could help to **address issues vital to working families such as daycare and transportation.**
- **Language barriers are real**; parents expressed the desire for Spanish-speaking contacts at the school to provide information and guidance.

Surveys of Principals

The school environment sub-committee distributed and analyzed an on-line survey of Catholic school principals. The survey was distributed to more than 40 (arch) dioceses with large Latino populations and more than 200 principals across the country participated. More than half of the schools surveyed were majority Latino. The school environment sub-team focused its investigation in particular on four dimensions of school environment: pedagogy, physical environment, language, and school community. Key findings include:
- Principals of schools that are successful at serving the Latino community credit their success to **transforming the school culture in response to the culture of the population the school serves**, integrating culturally responsive approaches to teaching into a rigorous curriculum, and providing and promoting financial support for families.
- Of the majority Hispanic schools, principals **need help preparing teachers to effectively take culture into account.** While most principals report that teachers consider culture when planning curriculum and instruction, they report doing so in largely limited ways. Examples include adding texts by Hispanic authors, singing Spanish hymns at Mass, or, as one principal reported, "We try to remember holidays and festivals."
- In schools that effectively recruit Latino families, the **existing mechanisms of the parish—the Mass, the bulletin, and social networks—provide the main tools for promoting the school**. Nearly half of the majority Latino schools surveyed report actively recruiting Latino families. Of those that self-identify as successful at recruiting Latinos, one third report recruiting in Spanish, while another one third actively recruit at and after parish Masses.
- There was **no pattern in the usage of Spanish in schools that serve Hispanic communities**. Responses ranged widely, from "We are an English-speaking school" to "Students are allowed to use Spanish" to "Spanish is used to scaffold instruction" to "We use Spanish as much as possible."
- Schools that serve majority Latino student bodies **employ more Latino teachers than other schools.** In majority Latino schools, 44

percent of teachers were Latino, compared to under 20 percent in all schools and 12 percent in schools with less than 50 percent Latino enrollment.

Interviews with Principals

The marketing and communications sub-committee conducted on-site interviews with dozens of school leaders in four different dioceses throughout the country: the Archdiocese of New York, the Diocese of Fort Wayne-South Bend, the Archdiocese of Chicago, and the Diocese of El Paso. The principals interviewed led both elementary and high schools that were all in proximity to significant Latino populations and had varying degrees of effectiveness in engaging the Latino population as measured by enrollment. Key findings include:

- Many **pastors and principals lack the knowledge and technical capacity to effectively promote** their schools.
- **Marketing efforts tend to be ad hoc and modest** in their implementation, most likely reflecting the capacity constraints in staffing.
- **Less than half of the schools had any bilingual materials** and few schools reported using bilingual materials in all communications.
- **Less than one third of schools reported using direct marketing and recruiting techniques**, such as personal conversations, announcements at Mass, invitations to visit the school, meeting parents at other events, and promoting the school in public venues.

Case Studies

The best practices sub-committee conducted site visits to dozens of Catholic schools serving Latino communities across the country. Task force members met with key stakeholders in the school community to better understand how the school successfully engages and serves the Latino children and families in their community. Key findings include:

- **Strong and stable leadership from the principal is essential** in all school contexts and the pastor's support is extremely helpful in a parochial context. Effective leaders maintained high expectations for students and faculty alike and articulated clear, communicable visions of their school mission.
- **Schools can serve as a "hub" for broader social services**. Successful schools recognize that the educational needs of their students are inseparable from the larger social needs of their families and function as conduits to community resources and social services.
- **Innovative funding models are vital** to ensure that families have access to the quality education these schools provide. Regular fundraising, development, tuition assistance funds provided by a consortia of parishes, diocesan managed assets, or independent Catholic school foundations, and, in certain regions, public funding options are among the many strategies employed by successful schools.

- Schools can **create innovative ways to create access through language**. Without exception, every school recognized that language barriers between parents and school could also inhibit full parental participation in the education of their children. These schools implemented innovative services and policies to ensure that parent-school communication was available in English and Spanish.
- **Forging a sense of community is critical**. Effective schools capitalize on the social relationships and networks in the Latino communities they served and involve stakeholders in the mission of the school. These efforts facilitate strong community connections that many people described as "family."
- **Extended day, after school, and early childhood programs allow schools to provide additional educational opportunities** for their students and safe, affordable options for working parents. These schools offered extended services ranging from traditional daycare to academic enrichment and training in the arts.

Through these five modes of inquiry, the task force has sought, ultimately, to shed light on the important questions surrounding the issue of Latinos in Catholic schools. Through this process, the task force has identified the key obstacles and corresponding opportunities that need to be addressed if we are to succeed in our goal of seating 1 million Hispanic children in Catholic schools by 2020.

Findings: Obstacles and Opportunities

Access to Catholic Schools

OBSTACLE
Catholic schools are fast disappearing from urban areas.

As noted above, nearly one in five Catholic schools have closed since 2000, and elementary schools in major urban areas have been hardest hit. Enrollment in those urban elementary schools that have remained open has dropped nearly 30 percent in that time, and so there are fewer and fewer children occupying seats in fewer and fewer schools. Most fragile are the parochial elementary schools in neighborhoods that are increasingly occupied by Hispanic communities, and so opportunities for Hispanic children to enjoy the "Catholic school advantage" are waning rapidly.

OPPORTUNITY
Signs of hope abound in the urban Catholic schools that remain open.

Almost every major metropolitan area in the United States has a success story like St. Rose of Lima. In more than 50 cities, Cristo Rey and NativityMiguel network schools are demonstrating that unique school finance models can make it possible for Catholic schools to provide excellent educational opportunities in low-income communities. Parish schools like St. Anthony in the Archdiocese of Milwaukee and St. John Vianney in the Diocese of Phoenix demonstrate what is possible when public or quasi-public funds are available through tax credits or voucher programs to support parents who choose to take advantage of the educational opportunities available to children in Catholic schools. Parish schools like St. Ann and Mt. Carmel-Holy Rosary in the Archdiocese of New York prove that innovative partnerships and dedicated development efforts make it financially viable to provide the unique programmatic offerings and robust Catholic formation that appeal to low-income families.

Effective Networks

Among the most notable recent efforts to strengthen Catholic education in urban Hispanic communities are the Cristo Rey and Nativity-Miguel networks. Cristo Rey schools are modeled after Cristo Rey Jesuit High School in the Pilsen neighborhood of Chicago, in which four students share a corporate internship, with each student working one day each week. Corporate partners pay salaries directly to the schools, allowing Cristo Rey to keep tuition costs affordable. NativityMiguel schools are low-cost middle schools that offer extended day and extended year programs designed to help students who have fallen behind catch up and close the achievement gap. The networks have spread rapidly: There are now 24 Cristo Rey schools serving more than 5,000 students, 55 percent of whom are Hispanic; there are 64 NativityMiguel schools serving 4,400 students, 39 percent of whom are Hispanic. These networks have demonstrated impressive achievement as well: 99 percent of Cristo Rey school graduates were accepted to college,[34] while nearly 90 percent of NativityMiguel alumni graduate from high school in 4 years and 75 percent enrolled in college.[35]

OBSTACLE
Most existing Catholic school buildings are located where the majority of Latinos are not.

The vast majority of urban Catholic school buildings are located in the Northeast and Midwest United States, which should not be surprising; after all, the American Catholic school system was established largely by European immigrants who settled in cities like Boston, New York, and Philadelphia. Nearly 80 percent of Latinos, however, live in the Southern and Western regions of the United States, which is also not surprising. What is surprising is the ratio of Catholic school seats to Latino children in these areas. Nationwide, there are more than four Latino children for each seat in Catholic schools. In the Northeast, there are two Latino children for each seat, but in the West there are more than 13 Latino children for every seat in a Catholic school.

OPPORTUNITY
There are at least 691,000 empty seats in existing Catholic schools.

Despite the large number of school closures in recent years, Catholic schools continue to have an abundance of capacity to serve more children. The estimated 691,000 empty seats in American Catholic schools in the 2007-08 school year represent an enormous opportunity to increase the number of children who will enjoy the Catholic school advantage. Moreover, although Latinos remain concentrated in the Southwest in areas with disproportionately low numbers of Catholic schools, their numbers are increasing in other regions of the country, representing an opportunity for Catholic schools in many communities of the Northeast, Midwest, and South to fill their empty seats by serving this population.

OBSTACLE
Many low-income families cannot afford to send their children to Catholic schools.

The average Catholic school tuition in 2008-09 is approximately $3,200 for elementary school and nearly $8,200 for high school, and the cost-to-educate is $5,900 and $10,200, respectively. More than 93 percent of Catholic elementary schools offer some form of tuition assistance, but for many Latino families, the difference between what the school charges for tuition—even with financial aid—and what the family can afford to pay is too great. A parent in Chicago explained that her children were offered scholarships, but "what I earned with my job was still not enough to pay the rent and the [decreased] school tuition, so I declined the scholarship, giving it to another family that could pay." Cost, in every focus group, emerged as the number one issue for Hispanic parents who do not send their children to Catholic school.

In fact, case studies of successful schools revealed cost to be the number one challenge for the

---

Recognizing Our Capacity

We do not need to look far to find the Catholic students who will fill the staggering number of vacant seats in our Catholic schools. Many of these students already belong to the parish that supports a Catholic school. One principal of a Catholic school in Tennessee told us that if all the children in her Catholic parish actually attended the parish school, "our building probably wouldn't be able to support them." These words challenge us to think creatively about making a Catholic education accessible for the children and families in our parishes and communities, particularly those who could benefit most from a Catholic education.

school community even among parents who do have children in Catholic school. So as tuition rises to keep up with the cost-to-educate, low-income and working-class parents find themselves increasingly unable to pay tuition costs, and fewer children are enrolled in Catholic schools. At the same time, schools struggle to find revenue to cover the difference between what families can contribute and what it costs to educate, leading to increasing school debt in many places. Evidence suggests that the tuition-driven parochial school is not sustainable over time in low-income and working-class communities, and many of those communities are increasingly Hispanic. For these schools to survive, alternative funding models must be created.

OPPORTUNITY
Money does not tell the whole story.

When the Task Force set out to study the question of Latino participation in Catholic schools, the problem of finances was the first to surface. Because private schooling for children from low-income families presents a problematic business model, many assumed that solving the problem of encouraging more Latinos to enroll in Catholic schools would require, in all cases, a massive infusion of financial resources. It turns out, however, that economics do not entirely explain why only 3 percent of Latino families send their children to Catholic schools.

Innovative Funding Models

Schools that effectively serve the Latino children and families in their community have adopted a variety of innovative funding models to ensure that families have access to the quality education they provide. Schools like St. Anthony in the Archdiocese of Milwaukee accept vouchers, while Hope Rural School in Indiantown, FL, in the Diocese of Palm Beach, and San Miguel in the Archdiocese of St. Paul and Minneapolis rely on fundraising and benefaction to virtually eliminate tuition costs altogether. Schools in the Cristo Rey Network put students to work through their innovative work-study program to defray costs, while Mt. Carmel-Holy Rosary and St. Ann, both in East Harlem in the Archdiocese of New York, rely on active school boards to help finance their efforts. Many schools take advantage of tuition assistance funds provided by consortia of parishes, diocesan managed assets, or independent Catholic school foundations. Still others have relied on the work of development directors or development boards populated with young Latino business leaders who share their business expertise and personal experience in Catholic education. No matter the specific mechanism, effective Catholic schools seek innovative ways to make the excellent education they provide accessible to all students.

Demographic and economic analysis indicates that, while the cost of attending Catholic school is prohibitive for some Latino families, income only appears to account for about one third of the discrepancy between the number of Latinos who send their children to private schools and the number of non-Hispanic whites who send their children to private school. So there must be factors other than income—cultural, educational, demographic, or environmental—that account for the low number of Latinos in Catholic schools. And therefore there must be opportunities for attracting more Latinos to Catholic schools that are not entirely contingent on finding alternative funding models.

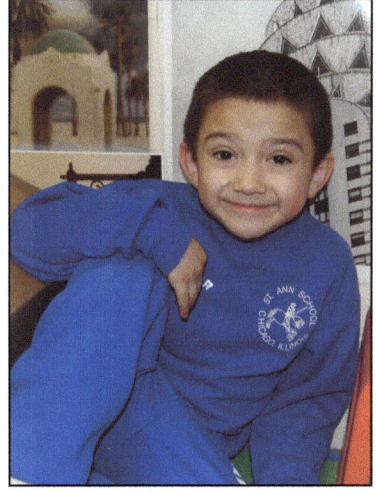

27

OBSTACLES | **OPPORTUNITIES**

Access to Catholic Schools

Obstacles	Opportunities
Catholic schools are fast disappearing from urban areas.	Signs of hope abound in the urban Catholic schools that remain open.
Most existing Catholic school buildings are located where the majority of Latinos are not.	There are at least 691,000 empty seats in existing Catholic schools.
Many low-income families cannot afford to send their children to Catholic schools.	Money does not tell the whole story.

Demand for Catholic Schools

Obstacles	Opportunities
Catholic schools in Latin America serve a very different clientele than those in the urban United States.	Latino parents express the desire for Catholic education.
Latinos often do not feel a sense of ownership in Catholic schools.	Culture, religion, and the Catholic school environment converge in a powerful way in Mexican-American communities, in particular, in the person of Our Lady of Guadalupe.
The enterprise of Catholic schools has changed considerably over the past forty years, placing increased demands on the resources of the parish and requiring more from the leadership of the pastor.	Schools with large enrollments often have pastors who embrace and endorse Catholic education in the Latino community.
Principals and pastors of schools serving Latino communities often do not have the time or resources to effectively and energetically promote the value of their schools.	Latino parishes often include rich social networks that can serve valuable recruiting and marketing functions for Catholic schools.
Language gaps between the home and school can reduce demand.	Thoughtful programs can reduce the language barrier in low-cost ways that invite fuller participation of the community.

Catholic Schools and Systems: Institutional Contexts

Obstacles	Opportunities
Church efforts to address the enrollment decline are sporadic and isolated, and traditional "one size fits all" governance paradigms no longer meet the needs for many urban Catholic schools.	There is an observable sense of urgency and openness among many dioceses to address these challenges in new and collaborative ways.
There are huge challenges to meet the demand for well-formed teachers and leaders, especially those of Latino background.	There is a new energy in many institutions of higher education and among many dioceses to embrace this challenge effectively.
Many contemporary Catholic schools are perceived as "outsider" institutions by Hispanic community members.	Catholic schools that operate like community centers add value to Latino communities.

28

Demand for Catholic Schools

OBSTACLE
Catholic schools in Latin America serve a very different clientele than those in the urban United States.

Interviews with parents, pastors, principals, and teachers consistently pointed toward a fundamental difference of paradigm between Catholic schools in the United States and those in Latin America, especially Mexico. In the United States, the Catholic school system was largely built by low-income and working-class European immigrant communities, and many of the schools they built continue to serve low-income, minority families. In Mexico and other parts of Latin America, however, most Catholic schools are elite institutions, serving only the upper class. This difference represents a cultural obstacle that demands a systematic approach to educating the Latino residents of the communities Catholic schools serve.

OPPORTUNITY
Latino parents consistently express the desire for Catholic education.

Focus groups of Latino parents who do not have their children in Catholic schools showed remarkable consistency across geographic, ethnic, and socioeconomic lines; they uniformly reported great admiration for Catholic schools and in nearly every case would prefer to enroll their children in a Catholic school were one nearby and, most importantly, affordable. In the Atlanta focus group, one parent said, "I would feel blessed if I had the chance to send my children to a Catholic school," while another in New York told us, "If I could get a job and send my children to a Catholic school, I would do it without thinking about it. And I would work only for that. Sincerely." So if the barrier of cost can be lowered, in reality and in perception, the evidence suggests that many Latino parents would opt for Catholic schooling for their children.

OBSTACLE
Latinos often do not feel a sense of ownership in Catholic schools.

The shift in the composition of the teaching staff in Catholic schools is one of the most significant differences between contemporary Catholic schools and those of a century ago. The most obvious difference is the shift from a teaching force that was, until the 1960s, almost entirely composed of vowed religious women and men to one that is now 96 percent lay. A less obvious—but no less important—shift has occurred with respect to the cultural backgrounds of teachers. While the typical parish school at the turn of the 20th century might have been staffed entirely by sisters and priests, those women and men were likely of the same ethnic background—and speakers of the same native language, and perhaps even from the same neighborhood—as the children they served. In 2009, most

> **"Like all parents, we have dreams..."**
>
> When asked why they send their children to Sacred Heart Catholic School in the Archdiocese of Washington, DC, one parent eloquently stated, "Like all parents, we have dreams. And we want the best for our children. And I want my children to go to a good school, and we decided that we are going to make a lot of sacrifices because we wanted the best for our children."

CNS Photo

urban Catholic schools that serve Hispanic students are staffed entirely by non-Hispanic, non-Spanish-speaking teachers and school leaders, many of whom are not part of the parish community. The principal survey found that on average, only 34 percent of the teaching staff in urban Catholic schools with a predominantly Latino student body are Latino. In this survey principals also reported that 41 percent of their teaching staff did not know any Spanish, while the remaining teachers represent a wide range of Spanish language ability. As a result, the schools may not be perceived by Latino parents and parishioners as organic parts of the larger parish community.

Additionally, teachers in the schools surveyed were not likely to have any formal training to prepare them to tailor their curricular or instructional approaches to the particular community they serve. While research suggests that classrooms that take culture into account can be more effective and can result in higher achievement,[36] the principal survey suggested the need for professional development that could help teachers increase their capacity to be culturally sensitive while maintaining high expectations for academic achievement.

Invitation to Ownership and Leadership

Some suggest that old European-American parishes in America's inner cities haven't been "welcoming" enough to Latino communities that have taken the place of the Irish, Italians, Poles, Bohemians, Germans, and Lithuanians. But if we consider the history of urban Catholic schools carefully, we see that the need to be "welcoming" is perhaps not the right paradigm for serving the Latino community.

The Catholic schools of the early twentieth century United States did not seek to "welcome" Poles, Germans, or Lithuanians to their schools. The Poles built and ran schools for Poles. The Germans staffed German-speaking schools for German children. The Lithuanians brought over hundreds of Lithuanian sisters to teach the Lithuanian children of their parishes. Parents and families knew the sisters and priests who staffed their schools, and they could speak to them in their native languages.

Now, however, we find that the Catholic schools of our urban areas were not built by Latinos to serve Latino children and often are not staffed by Spanish-speaking Latinos. Instead, research and our experience tell us they are largely staffed by white, non-Spanish-speaking college graduates who often do not live within several miles of their workplace. By perpetuating a paradigm of "welcoming" and "inviting" Latinos into old European-American schools, we may be trying to pour new wine into old wineskins. Instead, we might think about how schools can make changes to the school environment that have the capacity to reinvent the schools entirely, transforming them into new wineskins for a different community.

In other words, the goal might not be to welcome Latinos into European-American schools; instead, the goal ought to be to transform those schools entirely. The key question when considering how to change the school environment to attract the Latino community cannot be, "How do *we* welcome *them* into our schools?" Instead, the question must be: "What can existing Catholic schools do to invite Latino investment, involvement, and, especially, a real sense of ownership of these schools?"

OPPORTUNITY

Culture, religion, and the Catholic school environment converge in a powerful way, in Mexican American communities in particular, in the person of Our Lady of Guadalupe.

Our Lady of Guadalupe, patroness of the Americas, is widely recognized as a symbol of Hispanic Catholicism and is particularly important to the 66 percent of Hispanics who are of Mexican origin.[37] Our Lady of Guadalupe is not only "a very Mexican manifestation of the Virgin Mary" but is also considered "the foundation of Mexican identity" and the foundation of Mexican Catholicism in particular.[38]

The teachers at St. Ann, a case study school in the Archdiocese of Chicago, explained the abundance of Guadalupana murals, t-shirts, and art seen in the local neighborhood. As one teacher explained of her students' devotion to the image, "She's *ours*." Another teacher offered that Mexicans are proud that Mary chose to appear in Mexico. The image stands as an indicator of the dignity and worth of the Mexican people, and her feast day, December 12, is one of the most important Holy Days of the year in Mexico and in the United States wherever Mexicans and Mexican-Americans live.

Catholic schools that effectively serve Latino communities make use of this icon of Latino Catholic culture in important ways. In the principal survey, administrators described the importance of purposefully integrating culturally specific religious traditions, like honoring Our Lady of Guadalupe, into the curriculum and physical environment. In the open response portion of the survey, principals most frequently recommended that schools weave together cultural and religious identities in order to build a community of mutual respect among stakeholders. Environmental markers—physical manifestations in the school building of the students' home culture, faith, and language—are important indicators to parents and children of how the school values their specific Catholic and ethnic identities.

OBSTACLE

The enterprise of Catholic schools has changed considerably over the past 40 years, placing increased demands on the resources of the parish and requiring more from the leadership of the pastor.

Pastors are responsible for the spiritual and temporal well-being of the parish and provide leadership and oversight for her many ministries. The parish school is often the largest single ministry of the local church with increasing demands on the leadership of the pastor: school budget, facilities, supervising school leadership, Catholic identity, and almost every other important dimension of school operations. The 2008 *Notre Dame Study of U.S. Pastors*, a national survey of over 1,000 pastors, found that pastors have a

> ### "I credit our pastor…"
>
> "I credit our success hugely to our current pastor. He was very proactive in reaching out to the Hispanic community in our area, and he did it in a number of ways. He started a bilingual Mass, he started a Spanish Mass, he had the school be the site for the county's adult ESL training, so that would bring in people that were trying to learn English in the school in the evening. He worked a great deal with the diocesan Hispanic ministries to target people, to find them and minister to them. And then it was a very short period of time when he started getting families into the school."
>
> —Sedona Prater
> *Principal,*
> *Sacred Heart Cathedral School,*
> *Knoxville, TN*

high valuation of Catholic schools, but are increasingly concerned with the financial and enrollment management resources required to keep them open, accessible, and sustainable. Furthermore, as many urban and rural dioceses face pastor shortages and increased deficits, it has become clear that, as one priest in the pastor study explained, "Pastors can't do it all anymore….We need professionals" to help run schools.[39] Or as Bishop Jaime Soto of the Diocese of Sacramento told the task force, "We can't keep putting all our eggs in the pastor's basket."

OPPORTUNITY
Schools with large enrollments often have pastors who embrace and endorse Catholic education in the Latino community.

When pastors understand and embrace the school as a ministry of the parish and endorse Catholic schools from the pulpit on many and regular occasions, and when they write about the school in their newsletters and other written communications, awareness of the school is raised among Latino parents, who are then more likely to explore the possibility of enrolling their children in the parish school. In addition, pastors who get out and meet their parishioners in the parking lot and in their homes, who enlist the support of mavens and connectors in the community who catalyze communication, and who take the time to talk about the school in their day-to-day encounters with folks like supermarket checkout clerks and the operators of the local daycare, have found great success in increasing enrollment.

We have learned that when pastors are sincerely involved in the life of the school, Latino parents more readily make a connection between the parish Church and the parish school and are more likely to consider sending their children to the school because of their familiarity with and trust of the pastor. That said, even the most enthusiastic and energetic pastors can struggle if they have to face the challenge of running school operations alone, so it is important to underscore the need for pastors to engage the broader lay community in the leadership of the school. Successful pastors must increasingly rely on lay leaders to assist in meeting the many and increasing demands of running a parish school.

OBSTACLE
Principals and pastors of schools serving Latino communities often do not have the time or resources to promote the value of their school effectively and energetically.

Our principal survey and interviews and parent focus groups suggest that Catholic schools often do not actively recruit families to enroll. Our surveys suggest that pastors and principals often do not feel that promoting the school is even part of their responsibility. And principals and pastors often are so overwhelmed and overworked that they simply do not have the capacity to market their schools effectively. But in the successful schools we studied—in all cases—principals viewed recruiting, promotion, and marketing as a central element of their job description. At St. Rose of Lima, for example, Jeannie Courchene deems growing enrollment as a key responsibility. She and her pastor, Fr. Jerry Rohr, work with pastors of neighboring parishes without schools to recruit students and have involved parishioners in making posters to display in all the preschools in the area. "We draw from 25 zip codes," she notes. "When I got here enrollment was 140 and now we are at 200—we tried to increase every year by at least 10 students."

Parents who do not send their children to Catholic schools suggested that marketing and more information would be helpful. In San Antonio, a parent told our focus group, "Catholic schools [are inaccessible] because many of us are afraid of even getting close: We are afraid because they are too expensive." She explained that, for most parents in her neighborhood, they do not bother approaching the school because they are afraid to learn "how much they are going to be charged." Ultimately, she said, "There is not enough information, and people are afraid to go there and ask." This parent's advice to Catholic educators was simple: "Above all, schools should give more information. If there were possibilities that our children could attend, then we would want more information, to know if they can help us, if there are scholarships." Clearly, more effective communication with Latino families must be part of the solution.

Multi-Faceted Strategy for Boosting Enrollment

St. Ignatius Martyr School in the Diocese of Austin experienced an enrollment increase of 35 percent in one year after school leaders embraced the recommendations of a local community organizer to spread the word about the school. By inviting small groups of parents to school for coffee to conduct informal focus and information sharing groups, St. Ignatius enrollment jumped from 183 to 252 students in a single year. Additionally, St. Ignatius dropped the in-parish/out-of-parish rate distinction, which had effectively discouraged neighboring pastors whose parishes did not have schools from encouraging parishioners to send their children to St. Ignatius, out of a fear that parishioners would switch parishes to get the cheaper rate. As a result, pastors from nearby parishes started letting St. Ignatius recruit during and after Masses, and the school now draws children from 15 different parishes and 37 zip codes. One key recruiting strategy: making friends with parish secretaries at all the non-school parishes nearby. When families move to town and join the parishes, be sure the parish secretary holds information about your school.

OPPORTUNITY
Latino parishes often include rich social networks that can serve valuable recruiting and marketing functions for Catholic schools.

Lay leaders in the parish community can also be effective promoters of Catholic schooling. Given the likelihood of increasing pastor shortages, a growing number of parishes with schools will lack a full-time pastor. Moreover, given the increasingly complex nature of running a contemporary parish and school, parishes cannot rely exclusively on pastors to promote Catholic schools on their own. Thus, promoting the

value of the school must be a shared responsibility of the principal and other stakeholders in the school, including faculty, staff, parents, parishioners, and board members.

Parishes are natural social networks that astute school leaders utilize to promote the school and increase enrollment. At Holy Redeemer Catholic School in the Archdiocese of Portland, Oregon, a "*madrina*" (godmother) program formalizes the natural social networks in the Latino community by identifying "connectors," socially influential people in the parish community who serve as mentors to and sponsors of new families coming to the school.

The success of Holy Redeemer's *madrina* program reflects another broader lesson: Schools that extend personal, one-on-one invitations to Latino families have more success than those that extend blanket invitations.

In successful case study schools, the most prominent maven in the school community was often the school or parish secretary. The people who work in the office can play a pivotal role in determining the "face" of the school to the community. At St. Rose of Lima, for example, administrative assistant Esther Gutierrez "wears about ten hats. She's the secretary, the registrar, she coordinates athletics, she coordinates all the volunteers. She's the heart of the school—she's incredible. She just has a sense for what parents need to hear."

OBSTACLE
Language gaps between the home and school can reduce demand.

The survey of principals revealed that the vast majority of teachers in Catholic schools that serve Latino communities are neither Latino nor Spanish-speaking, though in those schools that self-described as particularly effective at serving Latino communities, the number of Latinos and Spanish speakers on staff was unusually high. The survey found that leaders of 91 percent of these self-described effective schools attributed their success to the presence of Latino and Spanish-speaking staff and the language support they are able to provide to Latino families. Similarly, qualitative survey results and site visits suggest that schools that are particularly effective employ a Spanish speaker in the front office, ensuring that newcomers to the school will find someone who can speak both English and Spanish.

"I remember our first Hispanic student…"

"I remember our first Hispanic student. He came to us in the eighth grade, barely passing in the public schools. But when he came, our faculty tested him in Spanish and found out this is a bright young man. And when he found out that a faculty member was going to stay after school every day for an hour with him until he caught up, he caught up rather quickly and then went on to Knoxville Catholic High School. And then he was the first person on either side of his family to go to college. And that to me is one of the exciting things that we are seeing happen with our students."

-Rev. Al Humbrecht
Sacred Heart Cathedral School, Knoxville, TN

OPPORTUNITY
Thoughtful programs can reduce the language barrier in low-cost ways that invite fuller participation of the community.

In our increasingly global economy, our nation benefits greatly by educating a bilingual citizenry, and our Latino students, many of whom are bilingual, will be well-positioned to take leadership roles if we organize our schools to support mastery of both English and Spanish. While bilingual schooling may be beyond the capacity of many Catholic schools, all Catholic schools can treat students' home language as a resource rather than as a problem.[40] At the very least, Catholic school educators must "begin with seeing the culture of our families—including faith and language—as an asset," according to David Card, president of Escuela de Guadalupe Catholic School in the Archdiocese of Denver. While schools like Escuela de Guadalupe and Cristo Rey Jesuit High School in Chicago implement a dual-language curriculum, other effective schools honor the home culture, faith, and language of the students in other ways. The key, according to Card, is that "we treat our kids with dignity with regard to their language, and that we don't treat their home language like an obstacle to be overcome."

The survey of principals and case studies revealed that the most successful schools tend to employ Spanish speakers in the main office, and the most effective teachers of Latino students demonstrate a willingness to learn Spanish and use it in the classroom to help students develop English language skills. This is consistent with linguistic and educational research suggesting that English language learners who receive instruction in their native language and in their target language make greater gains than those whose native language is left out of the classroom.[41]

Language barriers between the parents and school can also inhibit full parental participation in the education of their children. Thankfully many schools have recognized this potential obstruction and have taken steps to ameliorate its impact. For example, many schools send home all official school communication in Spanish and English, have Spanish-speaking staff members in the front office, employ a Hispanic parent-school liaison, provide translators for parent-teacher conferences, and even offer English classes for parents at night and on the weekends. The embrace of Spanish by school personnel reflects not only an acceptance of the language

> ### ¿Habla español?
> Consider the 8th grade Spanish teacher at the Academy of Our Lady in Waukegan, Illinois, in the Archdiocese of Chicago, who asked the class to raise their hand if they could speak Spanish. None of them did. The teacher soon came to realize that many of her students could indeed speak Spanish but were embarrassed to admit it. As a result, this teacher is "trying to build up the pride in, and the acceptance of their language, their culture, who they are. It's ok to raise your hand and say, 'I speak Spanish.' Can you imagine how horrible that must be to those kids to get to that point, where they don't want to admit who they are?"

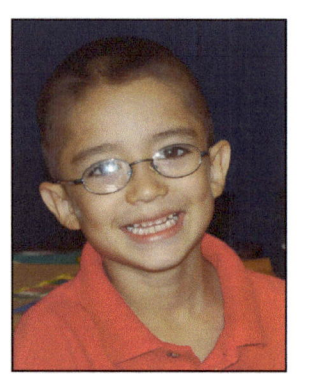
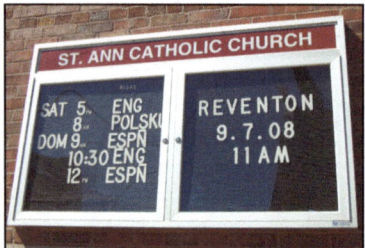

of the students being served but also an appreciation for Latino culture more broadly, thus communicating an acceptance and appreciation for these individuals and their culture as both legitimate and valuable.

Catholic Schools and Systems: Institutional Contexts

OBSTACLE
Church efforts to address the enrollment decline are sporadic and isolated, and traditional "one size fits all" governance paradigms no longer meet the needs for many urban Catholic schools.

Task force members met people across the country who have invested enormously in Catholic schools serving Hispanic communities. We encountered numerous hard-working people whose good will and faith have done much to preserve the Catholic school advantage for thousands of children, including bishops, clergy, vowed religious, and lay people who have spent significant parts of their lives shedding sweat and tears for Catholic schools. Unfortunately, it often takes herculean efforts to achieve success, and for all the heroes we met this year, Catholic schools need many more leaders willing to fight for the Catholic school advantage.

Historically, the Catholic parish school has stood as a powerful paradigm of effective education as well as an incredibly effective organizer of social capital. Catholic schools have been far more nimble and innovative than many other systems—creating better educational results on far fewer resources than public and even charter schools. And many charter school models, like the Knowledge is Power Program (KIPP) and Achievement First, have taken many of the most successful elements of traditional Catholic schools and have applied them to small public schools to produce some of the most innovative and successful public school systems in the history of American public education.[42]

Despite its long history of effective education for cultural minority communities, the urban Catholic parish school has become an institution that, as constituted, may not endure in low-income and working-class communities without new approaches. The decline of the low-cost vowed religious teaching force, the rising costs of employing a lay teaching force, the shortage of pastors, and the changing demographics in urban areas all contribute to a new challenge we face as a Church, unparalleled in the history of religion in America, to transform radically our parish schools. If we are to turn the tide and start reopening and building schools instead of closing them, we must find ways to adapt with energy, imagination, and urgency to the changing situation that presents itself.

Where innovative efforts have succeeded, they have largely happened as a result of the heroic efforts of isolated individuals. Very few of the best practices uncovered by the task force were the result of diocesan-wide interventions, and most were the result of entrepreneurial individuals facing almost certain school closure. A key issue facing our parish schools is the issue of school governance. There is no doubt that new models must be imagined for the governance of parish schools in many communities, and dioceses and parishes need information about alternative governance models. Some alternative governance models promise to increase the investment of lay leaders in the school's operations, which may lead to increased investment among Latino and other committed professionals who will serve on school boards and in parish leadership positions.

Some of these governance systems, while they may reduce the administrative demands on the pastor as the chief executive officer of the school, tend to flourish when they celebrate the vital spiritual leadership of the pastor and preserve the relationship between the parish and the school. While there are many possible advantages to a model of governance that reduces the school's dependence on the pastor, the important role that *el padrecito* plays in the life of the Latino community must be taken into consideration.

OPPORTUNITY
There is an observable sense of urgency and openness among many dioceses to address these challenges in new and collaborative ways.

Bishops across the country have developed innovative approaches to enlivening schools while simultaneously relieving the often enormous burden that school administration can place on pastors, allowing them more freedom to serve the spiritual

and pastoral needs of the parish and school. In the Diocese of Bridgeport, for example, the governance model has shifted from parish-based schools to diocesan schools on a large scale. This administrative transition was designed to allow pastors to exercise pastoral support for the school while empowering local school boards and educational professionals in the Catholic Schools' Office to oversee school operations. Other effective governance innovations include the Mid-Atlantic Consortium, in which several dioceses on the East Coast share resources and ideas by collaborating frequently, as well as the Carver governance model adopted by the Lasallian schools of the Christian Brothers of the District of San Francisco.

OBSTACLE
There are important challenges to meet the demand for well-formed teachers and leaders, especially those of Latino background.

As Catholic school classrooms increasingly enroll Latino students, Latinos are strikingly underrepresented in teaching and leadership roles. Only 6 percent of teachers nationally are Hispanic,[43] and most of the case study schools were led by non-Hispanic white teachers and school leaders, many of whom were unable to speak Spanish. School leaders in these successful schools consistently expressed a desire to hire more Latinos, as they saw numerous benefits to increasing the number of Latinos in leadership roles in Catholic schools. Parents and children more readily identified with Latino faculty members and school leaders, and effective Latino teachers drew on their shared cultural backgrounds to enhance instruction.

This is not to say that Latino children must be taught by Latino teachers. On the contrary, the current reality is that 94 percent of Latino children in Catholic schools will be taught by non-Latino teachers, and those teachers need to be better prepared to work with students who do not share their cultural background. Most schools and dioceses lack professional development programs that deal directly with culture in the classroom, though in those that do, enrollment gains seem to follow. In the Diocese of Arlington, for example, after a study of Latino participation in Catholic schools, the diocese implemented a professional development program in two schools, using the book *Managing Diverse Classrooms*,[44] to prepare teachers to enhance their capacity to work with students whose backgrounds differ from their own. The program is new but early benefits include significantly improved teacher morale, educational gains for students, and positive word-of-mouth in the Latino community.

Colleges and universities need to enhance efforts to recruit future Latino teachers and leaders into teacher preparation programs. The experience of the Alliance for Catholic Education (ACE) and The Mary

Ann Remick Leadership programs at the University of Notre Dame are telling; Latinos are underrepresented in both programs, despite significant efforts to promote and recruit teachers and leaders to serve in Latino schools. New and innovative efforts must be developed for Catholic schools to build capacity in a major way to form a new generation of teachers and leaders—including Latinos and non-Latinos alike.

OPPORTUNITY
There is a new energy in many institutions of higher education and among many dioceses to embrace this challenge effectively.

While ACE has served Hispanic schools for more than a decade, it has consistently tried—not always successfully—to recruit both Latino leaders and non-Latinos who are motivated to work in the Latino community. Other Catholic colleges and universities that have teacher preparation programs similar to ACE and that comprise the University Consortium on Catholic Education (UCCE), particularly those that serve largely Latino school communities, have also turned their focus toward developing Latino teachers and leaders in recent years.

Several UCCE institutions, joined by other Catholic colleges and universities, have recently formed the Catholic Higher Education Collaborative (CHEC), through which higher education leaders dedicated to supporting Catholic K-12 education seek greater collaboration on shared issues. In 2009, Loyola Marymount University hosted the first CHEC conference, which focused on issues related specifically to the Church's capacity to educate Latinos, especially the newly-arrived. Through this organization, university-based researchers and practitioners from across the country shared ideas and resources for enhancing teacher and leadership preparation programs to achieve this goal.

Also, at the request of several CHEC participants, the American Educational Research Association recently created a special interest group dedicated to issues surrounding Catholic schooling, providing a formal venue in a major institution for on-going research, discussion, and collaboration around these issues.

OBSTACLE
Many contemporary Catholic schools are perceived as "outsider" institutions in Hispanic communities.

A combination of factors already described contributes to the perception among many Hispanic parents and parishioners that Catholic schools are not organic parts of the parish community. The perception of Catholic schools as being reserved for the elite, the perception that Catholic schools are financially out of reach for the average parishioner, and the lack of Spanish speakers and Latinos among school teachers and leadership often lead

to the conclusion that Catholic schools are "theirs" and not "ours" by Latinos in the community.

OPPORTUNITY
Catholic schools that operate like community centers add value to Latino communities.

Successful Catholic schools in Latino communities often host evening and weekend events that welcome Latinos so that the school is seen more as a community center than simply a traditional daytime school. In recent years many promising community-centered efforts to engage Latinos in education have demonstrated success.[45] Several case study schools have become community centers as well. For example, Holy Redeemer Catholic school in the Archdiocese of Portland, Oregon, had ESL, citizenship, and computer classes in the evening for Latino families. This brought families to the school who eventually inquired about sending their children to the school. Sacred Heart Cathedral School in the Diocese of Knoxville, Tennessee, arranged for the county's ESL courses to be taught in the school building, which attracted people to the facility. Shortly thereafter the principal reported an increase in enrollment. Cristo Rey Jesuit High School in the Archdiocese of Chicago leases its school building to community organizations on a regular basis, so that there is an event or meeting being held at the school nearly every night of the week. And the Cristo Rey Jesuit High School in the Archdiocese of St. Paul and Minneapolis shares space with the Colin Powell Youth Leadership Center in a facility designed specifically to double as a school and community center. As a result, the building serves 25,000 neighborhood children and parents in addition to the students enrolled in the school. When schools become organic parts of the community—and when people grow comfortable being in the building on a regular basis—the barriers to enrollment tend to fall away. The school becomes a less intimidating place, and misperceptions about cost and culture can be replaced with accurate information and by a sense of belonging to a community.

Recommendations

What will it take to accomplish our goal, to double the percentage—and more than triple the number—of Latino students in Catholic schools by 2020? The following recommendations flow from an honest appraisal of the challenges and opportunities that emerge from the findings of the task force, especially informed by the lessons of success and best practices already underway in many schools and dioceses across the country. We acknowledge the breadth and depth of the challenges before us, but underscore that the obstacles and opportunities identified by this task force can be successfully addressed to the extent that we continue to strengthen networks and move people to action locally and nationally.

Our implementation strategy focuses on locations where we can make significant progress in a relatively short time: dioceses with large and/or significantly growing Latino populations and a significant number of empty seats in Catholic schools. We recognize that even if nothing is done, the number of Latino students in Catholic schools is likely to increase by about 75,000 over the next ten years given present demographic trends. In order to reach our enrollment increase of roughly ten times that number, we propose to pursue the following four-part strategy:

- Challenge schools to increase existing enrollment;
- Fill empty seats by increasing the demand through strategies proven to work;
- Reopen recently closed schools near Latino populations; and
- Build new schools in areas with high Latino populations.

Our specific recommendations follow the major themes identified in our findings. These themes include:

I. DEVELOPING DEMAND
Informing, attracting, and lowering financial barriers for Latino families;

II. DEVELOPING ACCESS
Reopening and building facilities;

III. DEVELOPING LEADERS
Building human capacity for leadership in classrooms, schools, parishes, dioceses, and other areas; and

IV. TRANSFORMING CATHOLIC SCHOOLS AND SYSTEMS
Enhancing institutional structures and processes.

Within each theme, we suggest initiatives as appropriate for the five main stakeholder groups we have identified, namely, the Latino community (parents, families, and civic leaders), Church leadership, school

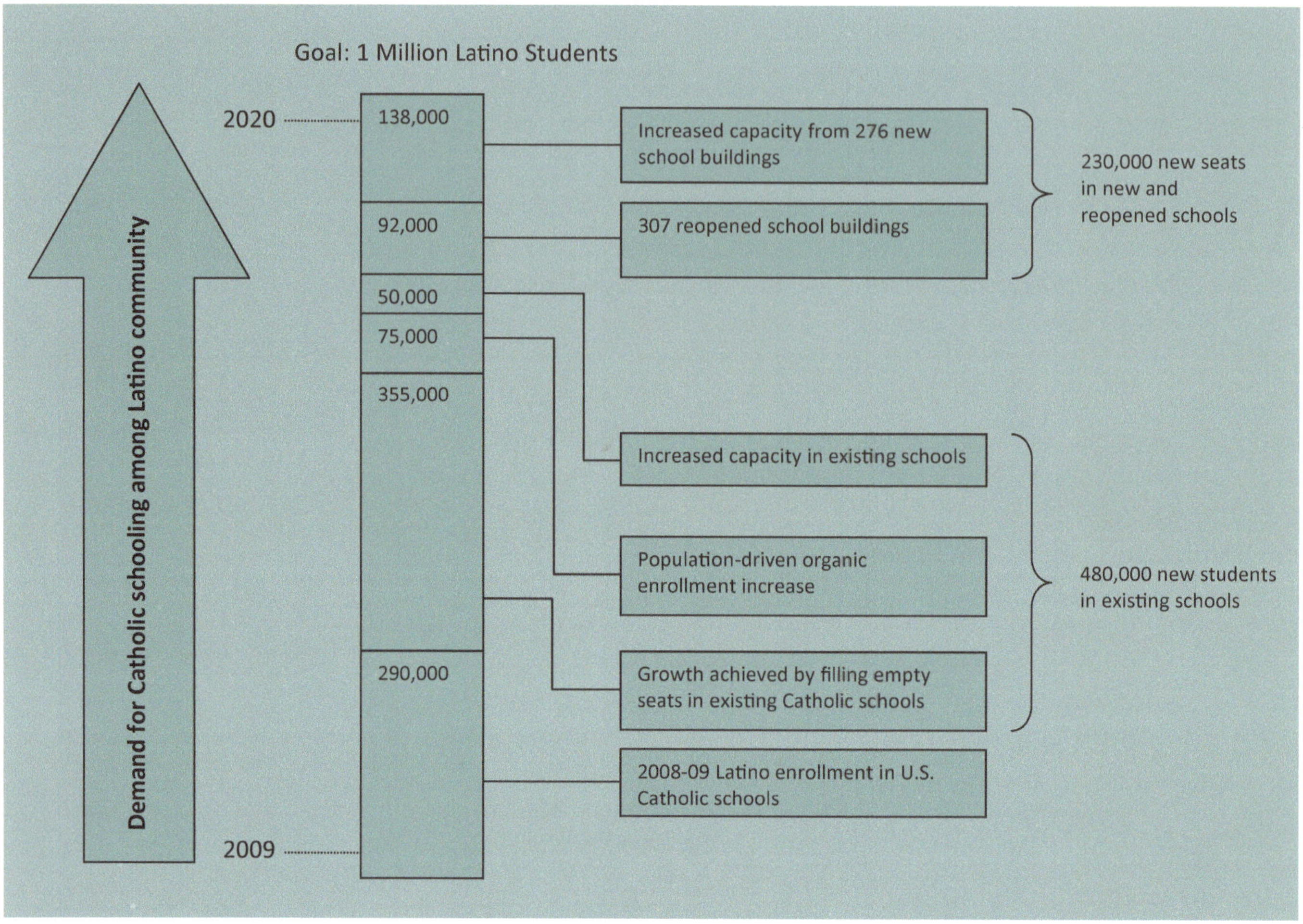

Goal: 1 Million Latino Students

Year	Value	Description	Grouping
2020	138,000	Increased capacity from 276 new school buildings	230,000 new seats in new and reopened schools
	92,000	307 reopened school buildings	
	50,000		
	75,000		
	355,000	Increased capacity in existing schools	480,000 new students in existing schools
		Population-driven organic enrollment increase	
	290,000	Growth achieved by filling empty seats in existing Catholic schools	
2009		2008-09 Latino enrollment in U.S. Catholic schools	

Demand for Catholic schooling among Latino community ↑

leadership, civic leaders (business, community, government, philanthropy), and higher education, where we highlight initiatives that will be pursued by the Alliance for Catholic Education, the Institute for Latino Studies, and the Institute for Educational Initiatives at the University of Notre Dame.

I. Developing Demand
Informing and Attracting Latino Families

Increasing the demand for Catholic schools among Hispanic families is both essential and feasible. Our recommendations about marketing and communications respond to findings that Latino families often lack information about Catholic schools, their benefits, and their orientation toward serving families of modest income even as there is widespread, if latent, desire for their children to have the Catholic school advantage in its broadest sense. While strategic national and regional initiatives specifically targeted to promote the value proposition of Catholic schools for Latinos are certainly advisable, especially to keep this issue squarely before the larger Church and civic community, any national or even diocesan efforts must underscore the importance of local action and outreach. Not surprisingly, individual schools and the people connected with them—pastors, principals, faculty and staff, and parents—have tremendous leverage to increase demand.

Our findings suggest that the adoption of a clear and coherent set of marketing and communication initiatives at the school level can yield substantial enrollment gains of Latino students in a fairly short time. Catholic schools proximate to Latino populations can achieve remarkable results by implementing key lessons from successful schools about the most effective ways to attract Latino families.

SCHOOLS CAN:

Implement targeted and personalized recruiting efforts.

Open houses and blanket invitations are not as effective as personal invitations and small group approaches. Open houses sponsored by the school to attract new families flourish most when Latino parents are present to host them and answer questions. School leaders should consider hosting monthly coffee hours with small groups of parents and parishioners and should invite local community members to assist in recruiting new families to the school.

Review the amount and nature of paperwork and forms.

Perceived bureaucracy is a major disincentive to attracting new families, and schools should ensure that someone from the school is available to help parents, if necessary, complete any essential paperwork. Schools that seek to serve Spanish speakers must ensure that all outreach to parents, including information, application, and registration materials and financial aid forms, should be user-friendly and available in Spanish.

Take advantage of social networks.

Whenever possible, schools should employ someone from or well-connected to the local Latino community who works in the office and functions as a liaison. Schools should make a special effort to employ or otherwise draw in parish *madrinas* and *padrinos* (literally, "godparents"), and other revered and trusted figures in parish communities.

Create an appealing physical environment that reflects the culture and values of the community served by the school.

Our research suggests that Latino families that place their children in Catholic schools do so because they are often drawn by their Catholic identity and by an expectation that the school will aid in their own efforts to transmit the religious, ethical, and cultural values of the family. Catholic schools that serve Latino communities can distinguish themselves from public and other private alternatives by being visibly Catholic in both their outward appearance and in their inner workings.

How Did We Determine These Numbers?

Our analysis suggests that filling empty seats offers the greatest impact, and it has the virtue of enhancing the financial stability of schools currently operating below capacity. Filling half of the current empty seats in ten years would provide half of the total growth needed to meet the goal. Increasing capacity in schools with waiting lists (over 25 percent of Catholic schools have waiting lists) can generate modest but important gains. Reopened schools are likely to be a mixture of sizes, some with one of every grade and others with two or more of every grade. We project a mean enrollment of 300 for these re-opened schools. For new schools, we base our projections on 500 students per site, a number that presumes roughly 500 students per school, a reasonable figure for an elementary school with two classes per grade or a modest-sized high school.

Familiar iconography that resonates with the home culture can critically strengthen connections between the home and school, with emphasis on culturally responsive holy days such as *El Día de los Muertos* (All Souls' Day, November 2), the Christmas-season celebrations of *Las Posadas* (commemorating Mary and Joseph's journey to Bethlehem, December 16-24) and *Los Tres Reyes Magos* (Epiphany, January 6), patronal saints' days like the feast of San Juan

CNS Photo

Bautista (the patron saint of Puerto Rico, June 24), and other festivals, especially those that celebrate *apariciones* of Our Lady, including *La Virgen de la Caridad de Cobre* (the patroness of Cuba, September 8), *Nuestra Señora de Altagracia* (the patroness of the Dominican Republic, January 21), *Nuestra Señora de la Divina Providencia* (the patroness of Puerto Rico, November 19), and *Nuestra Señora de Guadalupe* (the patroness of Mexico and all the Americas, December 12).

Engage Spanish speakers.

Catholic schools have historically privileged the cultural resources of the families they serve, and the successful establishment of urban Catholic schools in the nineteenth century was largely a function of Catholic willingness to engage communities in their native languages. In an increasingly global and information-driven economy, facility with multiple languages is a distinct advantage that our schools should value and teach. To ensure high quality academic achievement, all Catholic schools must ensure that their graduates are fluent in English. Educational research indicates that the best predictor of student ability to adopt a new language is facility with the native language, so students should not be discouraged from speaking their native language in an effort to adopt English. Dioceses should encourage all teachers to take advantage of the linguistic skills students bring with them to the classroom. In schools where students speak Spanish at home, Spanish should be welcomed and, to the extent teachers are able, used in the school.

Establish boards and committees to involve parents and leaders from the parish and local community in the leadership of the school.

There are numerous ways to get parents and community leaders involved in schools, but empowering

TASK FORCE RECOMMENDATIONS

I. DEVELOPING DEMAND

SCHOOLS CAN...
- Implement targeted and personalized recruiting efforts
- Review the amount and nature of paperwork and forms
- Take advantage of social networks
- Create a culturally responsive physical environment
- Engage Spanish speakers
- Establish boards and committees to involve parish leaders and parents
- Provide high quality early childhood educational programs
- Offer high quality childcare after the school day
- Function as parish and community centers in the evenings and on weekends

DIOCESES CAN...
- Effectively promote the value of Catholic schooling
- Promote from the pulpit
- Make outreach a priority
- Aggressively expand and promote tuition assistance
- Increase Catholic giving

CIVIC LEADERS AND HIGHER EDUCATION CAN...
- Increase local scholarship funds
- Expand publicly funded scholarship programs

II. DEVELOPING ACCESS

ALL STAKEHOLDER GROUPS MUST WORK TOGETHER TO...
- Fill empty seats
- Reopen closed schools
- Build new schools

III. DEVELOPING LEADERS

SCHOOLS AND DIOCESES CAN...
- Transform school culture to address the specific needs of the Latino community
- Recruit and educate Latino teachers and school leaders

HIGHER EDUCATION CAN...
- Develop teachers' and school leaders' awareness and expertise to transform classrooms and schools
- Prepare teachers to work with Latino students
- Create an exchange program for vowed religious teachers from Latin America

IV. TRANSFORMING CATHOLIC SCHOOLS AND SYSTEMS

DIOCESES AND SCHOOLS CAN...
- Consider new models of governance and school organization
- Forge partnerships between higher education and individual Catholic schools

ALL STAKEHOLDERS MUST WORK TOGETHER TO...
- Improve technological infrastructure in schools

a school board and other committees to share appropriately in the governance, development, and strategic planning of a school can be a particularly effective way to invite and increase Latino ownership of Catholic schools.

Provide high quality early childhood educational programs at elementary schools.

Esther Flores, principal of St. Anthony School in Harlingen, Texas in the Diocese of Brownsville, credits the preschool program as a major cause of the school's high enrollment in the lower grades, explaining, "Parents come to experience and treasure the caring environment and academic emphasis of our PreK program." She argues that families accustomed to paying for childcare and preschool are more likely to see elementary school tuition as a worthwhile and expected expense once they witness how their children are nurtured in the preschool program. Similarly, Sister Josephine Cioffi, principal of St. Ann Catholic School in Harlem in the Archdiocese of New York, suggested that the development of an early childhood program contributed greatly to a recent 93 percent jump in enrollment.

Offer high quality childcare after the school day.

For many families where both parents work full-time, and especially in single-parent homes, reliable childcare is vital. Catholic schools are much more welcoming and valuable to the extent that they offer affordable and effective childcare through the late afternoon.

NOTRE DAME'S COMMITMENT

I. DEVELOPING DEMAND
- Conduct a national marketing study
- Form partnerships with dioceses & schools to gather and disseminate expertise
- Educate priests, deacons, and lay leaders about the Catholic school advantage
- Strengthen local scholarship support for Latino students
- Support the expansion of publicly funded scholarship options

II. DEVELOPING ACCESS
- Provide consultative support to local efforts

III. DEVELOPING LEADERS
- Develop a school culture model that schools can implement
- Develop a principals' academy
- Promote lay involvement in school boards
- Establish the ACE Teaching Fellowship

IV. TRANSFORMING CATHOLIC SCHOOLS AND SYSTEMS
- Serve as a base of operations for ongoing research and program development

Programs that are both fun and educational are shown to increase demand and to advance academic achievement. Both Mt. Carmel-Holy Rosary Catholic School and St. Ann Catholic School in East Harlem, for example, offer an extended school day program, in which students are in class until 4:00 p.m. and after-school programming is provided until 6:00 p.m. The 64 NativityMiguel Schools nationwide likewise provide both an extended school day and an extended school year, both ensuring that students have ample opportunities to catch up to their peers to close the achievement gap and that parents can rest assured that their children are spending their afternoons in a safe, productive environment.

Function as parish and community centers in the evenings and on weekends.

Catholic school buildings can be important civic centers as well as educational institutions. Members of the community should be invited to make use of the facility in the evenings and on weekends for programs that benefit the common good and for meeting space. Schools should focus on creating opportunities for the people of the local community to enter the building; once in the building, information and promotional materials should be conspicuously available.

Dioceses can assist schools in their efforts to serve more Latino students in several ways.

DIOCESES CAN:

Effectively promote the value of Catholic schooling.

Bishops can help to reinforce—especially among pastors, priests, deacons, and superintendents of Catholic schools—the important connection between outreach efforts aimed at Hispanic Catholics and the Catholic school advantage. Our findings suggest the widespread potential for stronger collaboration between Catholic schools' offices and offices of Hispanic ministry. In some cases, diocesan offices of the permanent diaconate might be charged with leading efforts to promote Catholic schools at Masses and in parish programs.

Promote from the pulpit.

The role of the pastor, regardless of the governance model, is vital to the well-being of the school. When pastors support Catholic schools from the pulpit and on other occasions, this raises awareness and encourages all parents, but especially Latino parents, to consider their parish school or, if their parish does not have a school, other Catholic schools in the area. When pastors are involved in the life of their schools, Latino parents are more likely to value the school for its strong Catholic identity. In addition, priests assigned to parishes without schools should be encouraged to promote neighboring Catholic schools to their parishioners. Conversely, pastors of parishes with

Consistently Praiseworthy

"In all my experience, from research to working in the White House, Catholic schools have consistently been one facet of Catholic life that has elicited well-justified praise far and wide from Catholics and non-Catholics alike."

-John DiIulio
founding director of the White House Office of Faith-Based and Community Initiatives

schools should ask pastors without schools for permission to recruit at weekend Masses and other parish events.

Make outreach a priority.

Superintendents of diocesan schools would be wise to foreground outreach and service to Latino families as a major theme for their principals and to ensure through ongoing professional development that these leaders have the tools to market their schools more effectively to Latinos. Dioceses would be well-served to ensure that someone in the central schools' office can function in the role of a Spanish-speaking liaison.

Latino community organizations and leadership also have an important contribution to make in communicating to their constituencies the good news about Catholic schools and working with diocesan and school leaders to optimize outreach initiatives to Latino families. The task force expects to work closely with these groups in the years ahead to find the most effective ways to enhance the dissemination of important information to parents and families.

The task force has identified several roles for the Alliance for Catholic Education and the Institute for Educational Initiatives at the University of Notre Dame to undertake to help increase demand.

ACE and the IEI WILL:

Conduct a national marketing study.

Parental focus group analysis conducted by Notre Dame's Institute for Latino Studies establishes the need and lays the groundwork for a comprehensive national marketing study to obtain a thorough and highly nuanced understanding of the attitudes of Latino parents toward Catholic schooling. A rigorous national study, conducted with partner institutions, will provide an essential research base to inform the development and improvement of national and local marketing and communications efforts aimed at increasing demand for Catholic schools among Latino families.

Charging "Fair-Share" Tuition

For college-bound students, the cost of an education can be staggering, but at "need-blind" universities like Notre Dame, financial aid processes ensure that students are admitted regardless of need and that 100 percent of each family's need is met by financial aid. Pastors and principals would do well to think about tuition in similar terms.

For small Catholic schools, whether there are 14 students in a class or 24, the cost to teach each class remains constant. The class requires the same teacher, the same principal, and the same utility costs. If, for example, the per-pupil-expenditure is $4,000 per child, why not charge half that for a family who cannot afford the full amount? All parents can fill out financial aid applications, and the pastor or principal can contract with an independent company to review applications and make suggestions for financial aid. Such a system would allow schools to provide a Catholic education for more children and realize revenue they might not have. For struggling schools, this might make the difference between staying open and closing their doors. And while some might suggest that those who pay more will feel it is unfair for others to pay less, this fear does not meet with the experience of many pastors and principals with whom we spoke. In the event such perspectives should arise, is it not an opportunity for pastors, principals, and lay leaders on boards and committees to advocate for this need-based approach as a matter of Christian justice? During the 2007-08 school year, there were 691,000 empty seats in our Catholic schools nationwide. A targeted, need-based tuition system might help fill many of those seats.

> **Form partnerships with dioceses and schools to gather and disseminate expertise.**

Acknowledging the many successful efforts in schools and dioceses across the country, the University of Notre Dame embraces the opportunity to engage in partnerships with these dioceses and schools to continue to refine and share best practices in marketing as broadly as possible. Some of this work is already being pursued through ACE Consulting, and the University looks to develop a centralized depository of best practices that emerge from dioceses and schools and to make them broadly available in a variety of ways, from web-based platforms to professional development services. For example, ACE plans to offer dioceses and schools a range of workshops on how to market schools more effectively to Latino families and has recently apppointed Rev. Joseph Corpora, CSC, to lead this effort.

> **Educate priests, deacons, and lay leaders about the Catholic school advantage and equip them with the necessary skills and strategies to attract and serve Hispanics.**

Professional development programs are needed for pastors, priests, deacons, and lay leaders to help them become more effective advocates and leaders of parishes and schools that serve Latino families. The University of Notre Dame will seek partnerships with the dioceses with the largest Latino populations to provide professional development to priests, deacons, and lay leaders nationwide.

Making Catholic Education Affordable

Although the Task Force findings suggest that inability to pay tuition is not the sole explanation for low Hispanic enrollment, increasing demand for Catholic schools hinges on finding and communicating solutions to widespread concerns about affordability. There is a lamentable irony worth noting about this challenge, an irony related to the historic efficiency with which Catholic schools educate so effectively. Despite this efficiency, tuition remains a legitimate barrier for some middle-class families even when, for the vast majority of Catholic schools, revenue from tuition does not approach the per-pupil cost-to-educate and is usually augmented by parish and diocesan support and aggressive fundraising and development activity.

DIOCESES CAN:

> **Aggressively expand and promote tuition assistance and effectively inform Latino families about financing available.**

Many dioceses have established endowments to support tuition assistance for low-income families. Without Big Shoulders in Chicago or The Catholic Education Foundation in Los Angeles, for example,

> *"Catholic schools are the responsibility of the entire Catholic community."*
>
> -U.S. Conference of Catholic Bishops
> *Renewing Our Commitment*

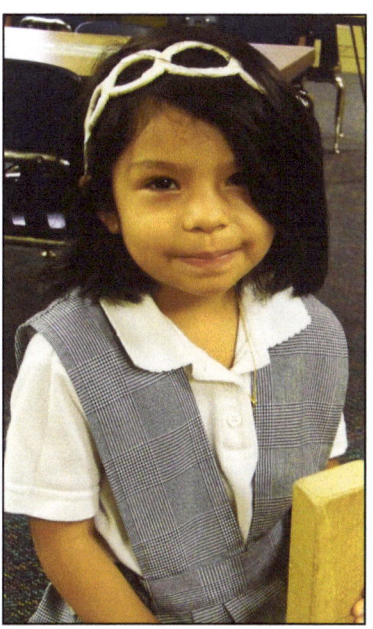

many Latino students would not have access to Catholic education and many more schools would have shut their doors. All dioceses are encouraged to develop and expand these programs and to seek support from the Catholic community as well as from potential benefactors of all faith traditions who recognize and value the contribution of Catholic schools to the larger society. Bishops and other leaders within the Church, ordained and lay, should take confidence in the knowledge that no ministry of the Church prompts more enthusiastic admiration from diverse quarters than its Catholic schools.[46]

Increase Catholic giving through the offertory collection and through other vehicles to make a Catholic education accessible to all parents and guardians who desire one for their children.

As the bishops of the United States make clear in *Renewing Our Commitment*, support for Catholic education is the "responsibility of the entire Catholic community."[47] The task force calls for a national initiative to study the giving patterns and attitudes of Catholics and to find ways to increase the percentage of income contributed to the Church, which is less than 2 percent of income.[48] The task force also recommends that dioceses explore concrete ways to enact the bishops' assertion in *Renewing Our Commitment*. Dioceses should, for example, explore whether some form of parish sharing to support Catholic education might spread the responsibility for Catholic schools to all parishes and Catholics within a diocese, preventing financial burdens from being unevenly distributed, as they currently are, to parishes with schools and the parents who choose them. No parish should remain disconnected from this critical diocesan challenge.

CIVIC LEADERS,
in partnership with Catholic higher education and dioceses, C A N :

Increase local scholarship funds

The goal to educate one million Latino children in Catholic schools will require great investment from a variety of stakeholders. We are persuaded, of course, that the magnitude of this investment pales in

---

New Construction

What may seem like an outrageous dream in the midst of a decade that has seen the closure of 1,400 Catholic schools becomes possible when one observes a countertrend over the past 25 years with regard to new Catholic schools: In the last decade, for all its economic turbulence, almost 300 new Catholic schools have been built and opened. In light of this trend, opening 300 new schools by 2020, in areas where Latinos are currently underserved, is clearly something we can do.

comparison to the economic, human, and civic costs of ignoring this opportunity and responsibility. The task force recommends the development and strengthening of local scholarship funds, akin to the HIspanic Scholarship Fund, to support financial assistance for needy Latino students so that they may benefit from the Catholic school advantage.

Expand publicly funded scholarship programs.

Schools like St. Anthony in Milwaukee illustrate the astonishing potential for Catholic schools to serve Latino communities and the common good when public funds are made available to low-income parents. Direct scholarship programs like those in Milwaukee, Cleveland, New Orleans, and Washington, DC, have provided enormous benefits to families in those cities, and state tax credit programs like those in Florida, Georgia, Pennsylvania, and Arizona have given thousands of Latino families unprecedented financial access to high-quality K-12 Catholic schools. Because Catholic schools are typically more efficient than public schools, these programs directly benefit the common good both by saving taxpayers billions of dollars each year and by preparing well-educated and active citizens. The task force is convinced that we must work to increase access to private schooling through the creation and expansion of voucher and tax credit programs, as such initiatives are the most direct and highly leveraged means of empowering families to select the education they determine best for their children.

ACE and the IEI WILL:

Develop a strategy to strengthen local scholarship funds to support Latino students.

Thousands of Hispanic families currently benefit from local scholarship opportunities, but there is need for greater support. Notre Dame proposes to partner with local scholarship foundations and philanthropists at the diocesan level to explore ways to enhance tuition assistance. Innovative partnerships are needed to strengthen efforts to increase access to Catholic schooling in Latino communities.

Support the expansion of publicly funded scholarship options to provide educational alternatives for needy families.

The University has launched an ambitious agenda in this realm, primarily focused on continuing research, raising awareness among religious and civic leaders, developing leaders, and encouraging community advocacy. To begin, Notre Dame has initiated a series of gatherings for academics, policymakers, and members of the United States Conference of Catholic Bishops (USCCB) on the most effective means of expanding the number of scholarships for families interested

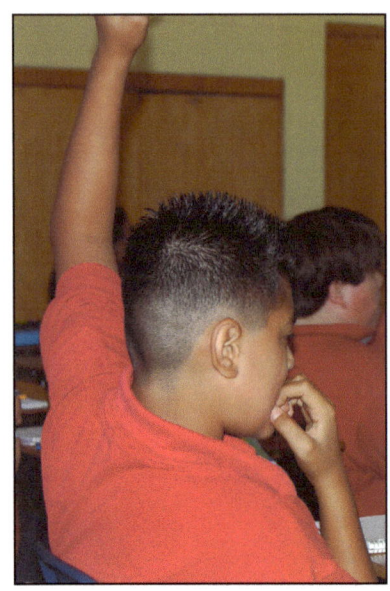

in accessing K-12 Catholic schools.

In a similar fashion, the University plans to pursue opportunities to engage key civic and legislative leaders, highlighting the experience of policymakers who have successfully designed and implemented publicly funded scholarship programs for their constituents. Also, the University recently launched an integrative formation experience designed to develop the next generation of leadership for the parental choice movement, the ACE Parental Choice Symposium. Created to provide both an intellectual and experiential immersion in the movement to expand access to K-12 Catholic schools, this venture, sponsored by the ACE Fellowship, gives participants unparalleled exposure to the leading scholarship in the movement and allows them to work directly within an urban area that has had success designing and implementing a publicly funded scholarship program. Finally, the ACE Fellowship will explore opportunities to serve as a resource for Latino communities that seek to learn about publicly funded scholarship opportunities.

II. Developing Access
Reopening Facilities and Building New Ones

ALL STAKEHOLDER GROUPS MUST WORK TOGETHER TO:

Fill empty seats.

To meet the goal of educating 1 million Latinos in Catholic schools by 2020, we must first concentrate on filling roughly half of the nearly 691,000 empty seats that currently exist in operating Catholic schools nationwide. Areas of opportunity center on regions with a high density of Latino families and plentiful open seats—states such as California, New York, and Illinois—but this needs to be a national effort, especially given the increasing Hispanic presence throughout the United States. We would also do well to focus initially in states with publicly funded parental choice programs in place, including Arizona, Florida, Georgia, Louisiana, Ohio, Pennsylvania, and Wisconsin, where resources are available to enable qualified families to choose alternative schools.

Reopen closed schools.

To reach our goal, we also project the need to reopen over 300 closed Catholic schools over the next ten years. The facilities are there, and the students will be too, once the work of increasing demand and accessibility among Latino families gathers momentum. We call upon all stakeholders to collaborate in imaginative yet disciplined ways to develop and articulate strategies to reopen recently closed schools in areas of need and opportunity.

Build new schools.

Finally, the task force sees an opportunity to build new schools in areas, especially in California and the Southwest, where Latinos are

---

English as a New Language

In 2009, the University of Notre Dame tripled the size of its fledgling English as a New Language (ENL) certification program to over 40 participants. This ENL program prepares veteran Catholic school teachers to serve more effectively students whose home language is not English and to help others on their faculty and at other schools in the diocese improve their practice.

most underserved. We propose that roughly 300 new schools will need to be built over the next ten years. The following example brings into sharp relief the extent to which Hispanics are underserved by Catholic schools because insufficient schools are available where they live. Consider that the Diocese of Pittsburgh has one Catholic school for every 6,400 Catholics while the Diocese of Brownsville has one for every 64,000.[49] In other words, the ratio of schools to Catholics is approximately ten times larger in Brownsville, one of the most heavily Latino dioceses in the nation. To meet this need, the task force endeavors to find partners to build more Catholic schools in states such as Texas, California, Florida, and Arizona. We will look to innovative organizations like Habitat for Humanity as paradigms for developing a national program, with local offices, to build attractive, affordable school buildings in these high-need regions.

ACE and the IEI WILL:

Provide consultative support for local efforts.

We will pursue collaborative work with Notre Dame's School of Architecture and the University's extensive alumni network in the design and construction industries, to advance this goal. Also, through ACE Consulting and ACE Fellowship, the University will help dioceses to encourage grassroots campaigns by parents and parishioners to build schools and to pursue the most effective strategies for raising the necessary funds.

III. Developing Leaders
Building Human Capacity

The drive to fill empty seats and create demand for more Catholic schools will be guided by capable leaders.

SCHOOLS and DIOCESES SHOULD:

Transform school culture to address the specific needs of the Latino community.

Dioceses should encourage Catholic schools that seek to serve Latino communities to look to the Catholic school history of serving cultural minority populations through culturally responsive teaching practices. Urban Catholic schools emerged in the nineteenth century as safe havens for marginalized minorities who were not always well-served in America's public schools. Those

Catholic schools were designed to value the language, culture, and faith of the home. Today's Latino community faces no less a challenge. To this end, dioceses—in partnership with Catholic colleges and universities—should offer accessible professional development to help teachers take up culturally responsive teaching practices, which include research-based instructional approaches that resonate with the tradition of Catholic education in the United States.

Recruit and educate Latino teachers and school leaders.

Nationally, Hispanics account for only 6 percent of the teaching force.[50] Dioceses and schools must invite Latino educators into greater ownership of Catholic schools by recruiting Latino teachers and school leaders more effectively. This represents a key opportunity to deepen and develop partnerships between dioceses and higher education. Catholic colleges and universities can develop and refine programs that successfully attract and prepare Latino teachers and leaders for Catholic schools. Indeed, for all their success in forming a corps of talented educators and for their efforts to increase its racial and ethnic diversity, the University of Notre Dame's ACE Service Through Teaching program and the 13 other teacher preparation programs in the University Consortium for Catholic Education (UCCE) can and must find ways to recruit more Hispanics into its degree programs for teaching and school leadership.

INSTITUTIONS OF HIGHER EDUCATION CAN:

Create new and enhance existing programs that prepare teachers and school leaders by developing their awareness and expertise to transform classrooms and schools.

There is an abiding need for more Catholic colleges and universities with programs in education to find ways to emphasize the formation of leaders and teachers who have expertise in attracting and serving Latinos and other ethnic minorities. We humbly acknowledge Notre Dame's absence from the field of K-12 education for two decades, between 1973, when the University closed the Department of Education, and 1993, when the Alliance for Catholic Education was founded. Notre Dame's absence from the field came at a time of great challenge for Catholic schools while many Catholic universities continued to contribute to the field. As we look forward, however, we recognize that Catholic higher education has an opportunity to help foster the renewal of Catholic schools in the coming years.

Of late, we see a new energy to this end. The rise of ACE and now 13 other graduate programs that comprise the University Consortium for Catholic Education (UCCE) brings a specific focus on forming

---

Las Hermanas

Some entrepreneurial pastors are already bringing Latin American sisters to the United States. When Rev. Mike Enright became pastor of Immaculate Conception Parish in Chicago, he read the parish history and realized that every immigrant group that had arrived in the U.S. came with vowed religious women and clergy to lead the school. He arranged for the Daughters of Mary of Guadalupe from Mexico to come and run the parish school, with the help of Springfield Dominicans and lay teachers on the faculty. The sisters all live in the neighborhood and are deeply involved in parish life, bridging the divide that often separates schools and parishes. The large presence of sisters on the faculty contributes to the Catholic identity of the school and appeals to parents in the community.

leaders for Catholic schools. Other umbrella organizations such as the Association of Catholic Leadership Programs (ACLP) and the nascent Catholic Higher Education Collaborative (CHEC) offer avenues to collaborate on research agendas germane to Catholic schools and the issues explored by this task force. Ultimately, these organizations also offer opportunities to share best practices in the field of teacher and school leader formation to prepare the educational leaders needed to transform Catholic schools in ways that remain rooted to their historic success at educating students of ethnic minority groups, the majority of whom in the coming decades will be Hispanic.

Support dioceses and schools by providing professional development aimed at preparing teachers to work with Latino students.

Schools and dioceses should encourage and support teachers in their efforts to learn more about how to serve Latino students, especially English language learners, most effectively. In collaboration with dioceses and school networks like Cristo Rey and NativityMiguel, Catholic colleges and universities can create professional development programs that emphasize culturally responsive pedagogy and a knowledge base conducive to serving diverse ethnic groups, with a special emphasis on Latinos.

Create a religious exchange program for vowed religious teachers from Latin America.

Recall that, upon their establishment, when Catholic schools were filled to capacity, they were different in a crucial way: They were able to "accompany" their cultural minority communities because they brought their sisters and priests with them. Exploratory conversations with leading Latin American prelates suggest initial enthusiasm for a program that would strategically place vowed religious from Latin America in U.S. Catholic schools for a fixed period of time and offer them educational opportunities at a consortium of Catholic universities. Such a program would prove mutually beneficial and would strengthen the Catholic and cultural identity of targeted Catholic schools while adding a valuable educational component for members of religious orders flourishing in Latin America.

ACE and the IEI WILL:

Develop a school culture model that schools can implement.

ACE will develop a portable school culture model that invites the ownership of the Latino community and that holds high expectations for academic achievement, fosters cultural competence in students and teachers, and embraces a worldview informed by a desire for service and social justice. Drawing on research,

"Education is the one key"

"I am more and more convinced that we must address the issues of Hispanic poverty with an intense practical emphasis on education—education in general and education in the faith. Every expert on poverty tells us that education is the one key to getting out of it....We need to push for...public support for private education, especially in our poorest districts. And we need to assemble all the resources of our own network of Catholic schools to meet this challenge."[51]

-Most Rev. Jose H. Gomez
Archbishop of San Antonio

Of the U.S. bishops who are Latino, two thirds attended Catholic schools.

55

best practices, and lessons learned during the task force process, ACE will develop an operational school culture to be disseminated through written materials accompanied by a series of professional development workshops that will prepare school

leaders and faculty to implement a school culture that transforms the educational enterprise. ACE will develop and pilot this school culture through its Notre Dame ACE Academy partnership initiative. The experience of pilot dioceses will inform a series of print materials made available broadly to aid dioceses and school personnel with concrete strategies for implementing culturally responsive pedagogy and leadership in urban Catholic schools.

Develop a principals' academy.

A joint venture by ACE Consulting and ACE Fellowship, the principals' academy will strengthen the professional competence of communities of administrators. Leaders of schools serving Latino communities will be recruited to participate in this new initiative, which will explore ways to use technology to enhance administrator learning and to facilitate the extension of communities of school leaders committed to and capable of advancing their schools.

Develop a national initiative to promote lay involvement in school boards.

The ACE Fellowship will pursue, in partnership with Notre Dame's Mendoza College of Business and participating schools and dioceses, an initiative that offers training to prepare effective board members for service to Catholic schools. Partner dioceses will include those most affected by recent growth in the Hispanic population.

Establish the ACE Teaching Fellowship.

The ACE Fellowship has created a program to enhance teacher retention, with a special focus on dioceses in Texas with large Latino populations. The Teaching Fellowship is designed to incentivize teachers' commitments to making a long-term impact in the classrooms of Catholic schools, developing excellence as a classroom teacher and exercising leadership in broader educational circles. ACE Teaching Fellows commit to teach at their current schools for an additional three years while researching, implementing, and reflecting on the effects of best practices in the classroom.

IV. Transforming Catholic Schools and Systems
Enhancing Institutional Structures and Processes

While it can be quite valuable to look to the historical experience of American Catholic schools for guidance about how to organize school environments to better serve Latino students and families, we must also be willing to depart, when necessary, from other elements of that historical experience. The urban landscape has changed, and the social dynamics facing parishes and schools have changed radically since the days when it was not unusual to find 1,000 children in an urban Catholic parish school, 60 or more in a classroom taught by a vowed religious sister. Among the most important changes: Catholic schools are no longer subsidized by the low labor costs of vowed religious men and women, and pastors are in increasingly short supply, particularly in the urban and rural communities that serve immigrant populations.

PARISHES and SCHOOLS MUST:

Consider new models of governance and school organization.

Alternatives to the traditional "one parish-one school" model must be sought to both relieve the pastor's burden of total school management and to increase lay Latino investment and sense of ownership in the school. The task force encourages the adoption of effective alternative school models, attentive to local context. The task force will make itself available to consult with dioceses and school networks to advise them on how best to establish models that are viable and sustainable over time. Additionally, governance options need to be clearly described and made available for parishes and schools that serve Latino communities.

Forge partnerships between higher education and individual Catholic schools.

Catholic colleges and universities can partner with existing K-12 Catholic schools in innovative ways to support both the adoption of best practices in instruction and curriculum and to explore alternative models of school governance. The Boston College–St. Columbkille partnership and the Notre Dame ACE Academies represent two relevant experiments. At a time when maintaining the status quo is no longer an option for most urban Catholic schools, we encourage institutional openness to experimentation. Consider the success stories of the Cristo Rey and NativityMiguel networks, which have responded with passion and imagination to the central challenge and opportunity underlying this task

force. Lessons learned from these innovative models may well have impact beyond their scale.

ALL STAKEHOLDER GROUPS MUST WORK TOGETHER TO:

Improve technological infrastructure in schools.

Technology should play an important role in meeting the task force's goal, as technological innovations hold the potential to enable increased access to schools and to diminish the cost to educate. Indeed, some researchers predict that "disruptive innovations" in technology may, in the near future, transform education at all levels and foster rapid reductions in educational costs.[52] At first glance, Catholic schools may appear unlikely to act as pioneers in this movement, as technology costs have typically been experienced as burdens to schools in financial difficulty. Yet the financial challenges confronting Catholic schools could be seized as an opportunity, particularly as the relative absence of bureaucracy even in large dioceses would facilitate experimentation and evaluation. We encourage Catholic schools to explore and evaluate educational technologies that embrace the value and enhance the quality of the teacher/student interaction even as they advance new models of education. With new technology, curriculum, instruction, and assessment can be targeted to meet individual learning needs, leading to new and more effective pedagogical strategies that benefit the greater school community, especially students from low-income families.

Colleges and universities have an opportunity to work with schools and dioceses to improve the technological infrastructure in schools and the way that educators use technology to maximize educational gains for each student, improve access to families, and achieve lower costs to educate. Foundations and philanthropists should be encouraged to invest in school-based programs

that have the effect of reducing school costs and increasing access through technology. Because technological innovations that substantively improve education are still nascent, a sub-group of the task force will form a standing committee to continue to explore the role technology will play toward meeting the larger goal of providing a Catholic education to more Latino families.

Above all, we must work together to build a national movement that involves hundreds of organizations and thousands of people. Fully aware of the myriad challenges, but inspired by the worthiness of the goal,

ACE and the IEI WILL:

Serve as a base of operations for ongoing efforts.

Through ACE and the IEI, the University will provide a venue for a standing committee of the task force that will serve as a think tank to continue work on this important issue. The task force will develop interactive promotional materials to promote the Catholic school advantage for Hispanics in communities across the nation and will construct an interactive website to advance this theme and invite widespread participation. This implementation committee will publish annual progress reports and will seek to build additional partnerships and strengthen current ones, to study and learn from others what works, and to disseminate those findings and best practices nationally via a regular series of publications and on-line resources. We seek allies from all quarters who recognize the urgency of the moment and share our conviction that Catholic schools represent the most powerful and proven means of enhancing Latino educational attainment and encouraging fuller participation and leadership in civic life and in the Church.

In the end, we cannot be daunted by the magnitude of the investment required to open 600 schools, to fill empty seats in schools across the country, to prepare a new generation of committed and capable educational leaders, to strengthen the schools themselves so that they can extend their legacy of excellence, and, most importantly, to increase educational opportunities for Latino children. For the magnitude of the investment shrinks dramatically when one contemplates the loss for the Church and our country if we maintain the status quo and succumb to the temptation of false and paralyzing prudence. And since the economic impact favors this course of action, how much more compelling is the realization that increasing access to Catholic schools for Latino children will transform thousands—and, in time, millions—of lives and will go a long way to fulfilling the promise of equal opportunity foundational to American democracy?

Conclusion

The decade ahead presents us with a window of opportunity, in the midst of major obstacles, to continue the uniquely American Catholic tradition of providing high quality educational opportunity to all, with special emphasis on

Today's Latino families need and deserve the Catholic school advantage.

those who are marginalized by their racial, ethnic, and socioeconomic backgrounds. The growth of the Latino community in the United States presents us with a demographic imperative to increase our national capacity to serve Latino families, and Catholic schools have a robust role to play in educating the next generation of American Latinos, who will be the future leaders of our country and the Church. Today's Latino families need and deserve the Catholic school advantage. As this happens, our nation's Catholic schools, with their legacy of transforming young people, will in turn be renewed and transformed.

What could be more appropriate as an image of the challenges and opportunities before us than the multiplication of loaves and fishes featured so prominently at St. Rose of Lima school in Denver? When Jesus tells his disciples to have the five thousand who had followed him to a remote place sit down for dinner, his closest followers balk at the audacity of his request. "There is a small boy here with five barley loaves and two fish, but what is that among so many?" questions Andrew. And yet, how vital was the forthcoming generosity of that young child, whose gift enabled all to be fed! Indeed, the hopefulness of that child inspires us to do likewise today.

After generations of failure for so many Latinos in traditional schools and a decade that has witnessed widespread closures of Catholic schools amid severe economic turbulence, the goal of increasing Latino enrollment threefold and opening 600 schools in the coming decade may, at first glance, seem more quixotic than audacious. This task force is convinced not only that our goal must be achieved—for the good of the children and families served by these schools, for the good of our civil society, and for the good of the Church—but also that it *can* be achieved, as the successful schools described in this report demonstrate. Our work and the people we have encountered in this process encourage us to have faith that we will, as Our Lady of Guadalupe promises, find roses in December. Indeed, for all the concerns that do and will emerge surrounding the challenges we recognize and embrace, is it possible that our greatest concern should be this: Have we aimed too low?

Notes

[1] C. Lee, *Denver Public Schools: Resegregation, Latino Style* (Cambridge, MA: The Civil Rights Project of Harvard University, 2006).

[2] *Office of Catholic Schools Report* (Chicago: Archdiocese of Chicago, 2008).

[3] D. McDonald, *United States Catholic Elementary and Secondary Schools 2008-2009: The Annual Statistical Report on Schools, Enrollment, and Staffing* (Washington, DC: National Catholic Educational Association, 2009).

[4] D. Neal, "The Effects of Catholic Secondary Schooling on Educational Achievement," *Journal of Labor Economics* 15 (1997): 98-123.

[5] E. F. Litton, S. P. Martin, I. Higareda, and J. A. Mendoza, *The Promise of Catholic Schools for Educating the Future of Los Angeles* (Los Angeles, CA: Loyola Marymount University, 2008).

[6] J. G. Altonji, T. E. Elder, and C. R. Taber, "Selection on Observed and Unobserved Variables: Assessing the effectiveness of Catholic Schools," *Journal of Political Economy* 113 (2005): 151-184; P. L. Benson, R. J. Yeager, M. J. Guerra, and B. V. Manno, *Catholic High Schools: Their Impact on Low-Income Students* (Washington, DC: National Catholic Educational Association, 1986); A. S. Bryk, V. E. Lee and P. B. Holland, *Catholic Schools and the Common Good* (Cambridge, MA: Harvard University Press, 1993); J. S. Coleman and T. Hoffer, *Public and Private High Schools: The Impact of Communities* (New York: Basic Books, 1987); J. S. Coleman, T. Hoffer, and S. Kilgore, *High School Achievement: Public, Catholic, and Private Schools Compared* (New York: Basic Books, 1982); W. N. Evans and R. M Schwab, "Finishing High School and Starting College: Do Catholic Schools Make a Difference?" *The Quarterly Journal of Economics* 110 (1995): 941-974; A. M. Greeley, *Catholic High Schools and Minority Students* (New Brunswick, NJ: Transaction Books, 1982); J. Grogger and D. Neal, "Further Evidence on the effects of Catholic Secondary Schooling," *Brookings-Wharton Papers on Urban Affairs* 1 (2000): 151-193; W. H. Jeynes, "Religion, Intact Families, and the Achievement Gap," *Interdisciplinary Journal of Research on Religion* 3, no. 3 (2007): 1-24; H. M. Marks and V. E. Lee, *National Assessment of Educational Progress Proficiency in Reading: 1985-1986. Catholic and Public Schools Compared. Final Report 1989* (Washington, DC: National Catholic Educational Association, 1989); D. Neal, "The Effects of Catholic Secondary Schooling"; W. Sander, "Catholic Grade Schools and Academic Achievement," *The Journal of Human Resources* 31 (1996): 540-548; W. Sander and A. Krautman, "Catholic Schools, Dropout Rates and Attainment," *Economic Inquiry* 33 (1995): 217-233.

[7] T. S. Dee, "The Effects of Catholic Schooling on Civic Participation," *International Tax and Public Finance* 12 (2005): 605-625; C. M. Hoxby, *Do Private Schools Provide Competition for Public Schools?* (Cambridge, MA: National Bureau of Economic Research, Working Paper No. 4978, 1994); D. Neal, "The Effects of Catholic Secondary Schooling on Educational Achievement."

[8] W. G. Ouchi, *Making Schools Work: A Revolutionary Plan to Get Your Children the Education They Need* (New York: Simon and Schuster, 2003).

[9] Social Sector Office, McKinsey and Company, *The Economic Impact of the Achievement Gap in America's Schools* (McKinsey and Company, 2009).

[10] D. McDonald, *United States Catholic Elementary and Secondary Schools 2008-2009*.

[11] A. S. Bryk, V. E. Lee and P. B. Holland, *Catholic Schools and the Common Good*; J. S. Coleman, T. Hoffer, and S. Kilgore, *High School Achievement*; A. M. Greeley, *Catholic High Schools and Minority Students*.

[12] Benedict XVI, *Address to Catholic Educators*, April 17, 2008, http://www.vatican.va/holy_father/benedict_xvi/speeches/2008/april/documents/hf_ben-xvi_spe_20080417_cath-univ-washington_en.html

[13] J. S. Coleman and T. Hoffer, *Public and Private High Schools*; J. S. Coleman, T. Hoffer, and S. Kilgore, *High School Achievement*.

[14] Pew Hispanic Center and Pew Forum on Religion and Public Life, *Changing Faiths: Latinos and the Transformation of American Religion* (Pew Research Center, 2007).

[15] D. E. Campbell and R. D. Putnam, *The Changing Face of American Catholicism*, Memo prepared for the United States Conference of Catholic Bishops (2008).

[16] United States Census Bureau, *National Population Projects: Projections of the Population by Sex, Race, and Hispanic Origin for the United States: 2010 to 2050* (Washington, DC: U.S. Census Bureau, 2008), http://www.census.gov/population/www/projections/summarytables.html

[17] United States Conference of Catholic Bishops, *Renewing Our Commitment to Catholic Elementary and Secondary Schools in the Third Millennium* (Washington, DC: USCCB, 2005), 9.

[18] Notre Dame Task Force on Catholic Education, *Making God Known, Loved, and Served: The Future of Catholic Education in the United States* (Notre Dame, IN: University of Notre Dame, 2006).

[19] M. C. Waters and R. Ueda, *The New Americans: A Guide to Immigration Since 1965* (Cambridge, MA: Harvard University Press, 2007).

[20] E. E. Telles and V. Ortiz, "Finding America: Creating Educational Opportunity for Our Newest Citizens," in B. D. Smedley and A. Jenkins, eds., *All Things Being Equal: Instigating Opportunity in an Inequitable Time* (New York: Free Press, 2007), 190-215.

[21] National Center for Educational Statistics, *The Condition of Education 2009* (Washington, DC: Institute of Education Sciences, U.S. Department of Education, 2009).

[22] "First generation refers to children who were born abroad and migrated to the U.S. at age 6 or older; second generation refers to children who were born in the U.S. to foreign-born parents and all

children born abroad who migrated to the U.S. at age 5 or younger. Third generation refers to all children who were born in the U.S. to two parents who were also born in the U.S. but at least one grandparent was born abroad, and fourth generation refers to all children who were born in the U.S. to two parents who were born in the U.S. and two grandparents who were also born in the U.S." See D. Lopez and V. Estrada, "Language," in M. C. Waters and R. Ueda, eds., *The New Americans: A Guide to Immigration Since 1965* (Cambridge, MA: Harvard University Press, 2007), 237.

[23] Ibid.

[24] T. Ready and A. Brown-Gort, *The State of Latino Chicago: This is Home Now* (Notre Dame, IN: Institute for Latino Studies, University of Notre Dame, 2005), 15.

[25] Telles and Ortiz, "Finding America," 199.

[26] J. P. Greene and G. Forster, *Public High School Graduation and College Readiness Rates in the United States* (New York: Manhattan Institute, 2003).

[27] C. Suarez-Orozco and M. M. Suarez-Orozco, "Education," in M. C. Waters and R. Ueda, eds., *The New Americans: A Guide to Immigration Since 1965* (Cambridge, MA: Harvard University Press, 2007), 243-257.

[28] P. Gándara and F. Contreras, *The Latino Education Crisis: The Consequence of Failed Social Policies* (Cambridge, MA: Harvard University Press, 2009).

[29] Greene and Forster, *Public High School Graduation and College Readiness Rates*.

[30] M. Ryu, *Minorities in Higher Education: Twenty-third Status Report* (Washington, DC: American Council on Education, 2008).

[31] Telles and Ortiz, "Finding America," 210.

[32] Ibid.

[33] United States Census Bureau, *Annual Estimates of the Resident Population by Sex, Race, and Hispanic Origin for the United States: April 1, 2000 to July 1, 2008* (Washington, DC: U.S. Census Bureau, 2008), http://www.census.gov/popest/national/asrh/NC-EST2008-srh.html; U. S. Census Bureau, *Projections of the Population by Sex, Race, and Hispanic Origin*, http://www.census.gov/population/www/projections/summarytables.html

[34] *Facts and Figures* (Cristo Rey Network Schools, 2009), http://www.cristoreynetwork.org/about/facts_figures.shtml

[35] *Annual Report* (Washington, DC: NativityMiguel Network of Schools, 2008).

[36] K. Au and C. Jordan, "Teaching Reading to Hawaiian Children: Finding a Culturally Appropriate Solution," in H. Trueba, G. Guthrie, and K. Au, eds., *Culture and the Bilingual Classroom: Studies in Classroom Ethnography* (Rowley, MA: Newbury, 1981), 139-152; G. Gay, *Culturally Responsive Teaching: Theory, Research, and Practice* (New York: Teachers College Press, 2000); T. C. Howard, "Powerful Pedagogy for African American Students: A Case of Four Teachers," *Urban Education* 36 (2001): 179-202; J. J. Irvine, *Educating Teachers for Diversity: Seeing with a Cultural Eye* (New York: Teachers College Press, 2003); G. Ladson-Billings, *The Dreamkeepers: Successful Teachers of African American Children* (San Francisco: Jossey Bass, 1994); C. D. Lee, "Signifying as a Scaffold for Literary Interpretation," *Journal of Black Psychology* 21 (1995): 357-381; G. Mohatt and F. Erickson, "Cultural Differences in Teaching Styles in an Odawa School: A Sociolinguistic Approach," in H. Trueba, G. Guthrie, and K. Au, eds., *Culture and the Bilingual Classroom: Studies in Classroom Ethnography* (Rowley, MA: Newbury, 1981), 105-119.

[37] United States Census Bureau, *Hispanics in the United States* (Washington, DC: U.S. Census Bureau, 2006), http://www.census.gov/population/www/socdemo/hispanic/files/Internet_Hispanic_in_US_2006.pdf

[38] V. Elizondo, *Guadalupe: Mother of the New Creation* (Maryknoll, NY: Orbis Books, 1997), xi.

[39] R. J. Nuzzi, J. M. Frabutt, and A. C. Holter, *Faith, Finances and the Future: The Notre Dame Study of U.S. Pastors* (Notre Dame, IN: Alliance for Catholic Education Press, 2008), 40.

[40] Gándara and Contreras, *The Latino Education Crisis*.

[41] J. Crawford and S. Krashen, *English Learners in American Classrooms* (New York: Scholastic, 2007).

[42] J. Mathews, *Work Hard, Be Nice: How Two Inspired Teachers Created the Most Promising Schools in America* (Chapel Hill, NC: Algonquin Books, 2009).

[43] G. A. Strizek, J. L. Pittsonberger, K. E. Riordan, D. M. Lyter, and G. F. Orlofsky, *Characteristics of Schools, Districts, Teachers, Principals, and School Libraries in the United States, 2003-04 Schools and Staffing Survey* (Washington, DC: U.S Department of Education, National Center for Education Statistics, 2006).

[44] C. Rothstein-Fisch and E. Trumbull, *Managing Diverse Classrooms: How to Build on Students' Cultural Strengths* (Alexandria, VA: Association for Supervision and Curriculum Development, 2008).

[45] J. R. Rosario and C. W. Rosario, "Latino Families, Communities, and Schools as Partners in Education: Best Practice Models and Why They Work," in T. Ready, ed., *Latino Educational Equity: A Web-Based Index and a Compendium of Best Practices in Latino Education in the United States* (Notre Dame, IN: Institute for Latino Studies, University of Notre Dame, 2008).

[46] *The People's Poll on Schools and School Choice: A New Gallup Survey* (Washington, DC: Gallup, 1992); N. H. Shokraii, *Why Catholic Schools Spell Success for America's Inner-City Children* (Washington, DC: The Heritage Foundation, 1997).

[47] USCCB, *Renewing Our Commitment*, 1.

[48] C. Smith and M. O. Emerson, *Passing the Plate: Why American Christians Don't Give Away More Money* (New York: Oxford University Press, 2008).

[49] *About the Diocese* (Diocese of Brownsville, 2009), http://www.cdob.org/diocese/; Diocesan Statistics (Diocese of Pittsburgh, 2008), http://www.diopitt.org/diocesanstats.php

[50] Strizek and colleagues, *Characteristics of Schools*.

[51] J. H. Gomez, "Evangelization, Education, and the Hispanic Catholic Future," *Origins* 39, no. 11 (2009): 185-189.

[52] C. Christensen, *Disrupting Class: How Disruptive Innovation Will Change the Way the World Learns* (Chicago: McGraw Hill, 2008); T. M. Moe and J. E. Chubb, *Liberating Learning: Technology, Politics, and the Future of American Education* (San Francisco: Jossey-Bass, 2009).

Appendix

Case Study Schools

Special thanks to all of the Catholic schools that served as case studies. The task force is grateful to school leaders, pastors, teachers, and other stakeholders who so generously shared their experiences of serving the Latino community effectively.

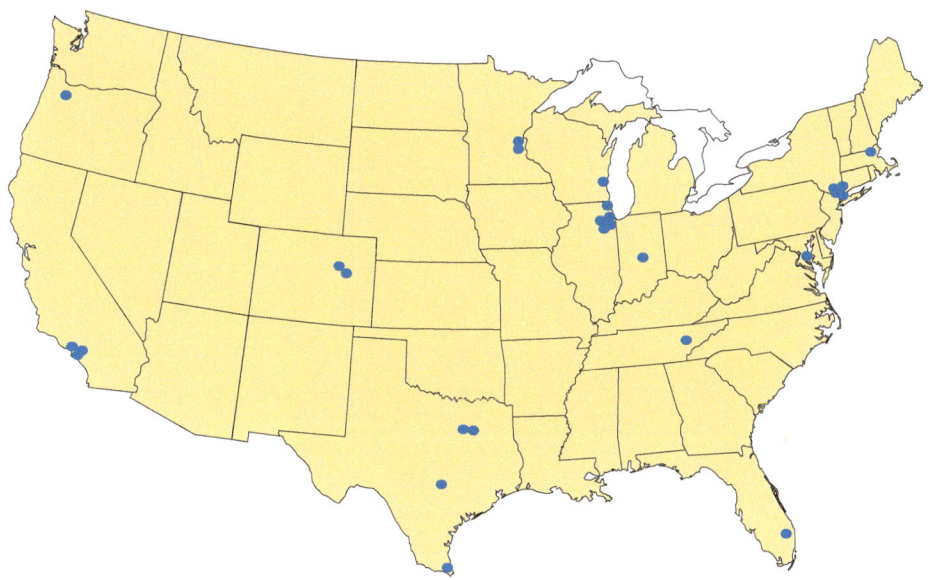

Academy of Our Lady (PreK-8)
510 Grand Avenue
Waukegan, IL 60085
847-623-4110
www.acadofourlady.org

Cristo Rey Jesuit High School (9-12)
1852 West 22nd Place
Chicago, IL 60608
773-890-6800
www.cristorey.net

Cristo Rey Jesuit High School (9-12)
2924 4th Ave South
Minneapolis, MN 55408
612-545-9700
www.cristoreytc.org

Escuela de Guadalupe (K-5)
3401 Pecos Street
Denver, CO 80211
303-964-8456
www.escuelaguadalupe.org

Holy Redeemer Catholic School (PreK-8)
127 North Rosa Parks Way
Portland, OR 97217
503-283-5197
www.holyredeemerpdx.org

Hope Rural School (K-5)
15929 SW 150th Street
Indiantown, FL 34956
772-597-2203
www.diocesepb.org/education/schools/hope.asp

Immaculate Conception School (K-8)
8739 South Exchange Avenue
Chicago, IL 60617
773-375-4674
www.immaculateconceptionsouth.org

Mother of Sorrows Catholic School (PreK-8)
100 West 87th Place
Los Angeles, CA 90003
323-758-6204
www.motherofsorrowsla.com

Mt. Carmel–Holy Rosary School (PreK-8)
371 Pleasant Avenue
New York, NY 10035
212-876-7555
www.mtcarmelholyrosary.org

Nativity Catholic School (PreK-8)
944 West 56th Street
Los Angeles, CA 90037
323-752-0720
www.nativityschoolla.com

Sacred Heart Cathedral School (K-8)
711 Northshore Drive SW
Knoxville, TN 37919
865-588-0415
www.shcschool.org

Sacred Heart School (PreK-8)
1625 Park Road NW
Washington, DC 20010
202-265-4828
www.sacredheartschooldc.org

Saint Ann Catholic School (PreK-8)
2211 West 18th Place
Chicago, IL 60608
312-829-4153
www.stanncrusaders.org

Saint Ann Parish Elementary School (PreK-8)
314 East 110th Street
New York, NY 10029
212-722-1295
www.stannschoolnyc.org

Saint Anthony Catholic School (PreK-6)
349 Warman Avenue
Indianapolis, IN 46222
317-636-3739
www.archindy.org/mtca/schools-anthony.html

Saint Anthony School (PreK-8)
1015 East Harrison Avenue
Harlingen, TX 78550
956-423-2486
www.saintanthonyeagles.com

Saint Anthony School of Milwaukee (PreK-8)
1669 South 5th Street
Milwaukee, WI 53204
414-384-1729
www.stanthonysschool.org

Saint Augustine Catholic School (PreK-8)
1064 North St. Augustine Drive
Dallas, TX 75217
214-391-1381
www.staugdallas.org

Saint Helen School (PreK-8)
2347 West Augusta Boulevard
Chicago, IL 60622
773-486-1055
www.sthelenchicago.org

Saint Ignatius Martyr (PreK-8)
120 West Oltorf Street
Austin, TX 78704
512-442-8685
www.st-ignatius.org/school

Saint John's School (PreK-8)
3143 Kingsbridge Avenue
Bronx, NY 10463
718-548-0255
www.stjohnschoolbronx.org

Saint Mary of Carmel Catholic School (PreK-8)
1716 Singleton Avenue
Dallas, TX 75212
214-748-2934
www.smcschool.org

Saint Mary of the Assumption School (PreK-8)
301 Haverhill Street
Lawrence, MA 01840
978-685-2091
www.stmaryassumption-lawrence.org

Saint Rose of Lima School (K-8)
1345 West Dakota Avenue
Denver, CO 80223
303-733-5806
www.strosedenver.org

Saint Vincent School (K-8)
2333 South Figueroa Street
Los Angeles, CA 90007
213-748-5367
www.home.pacbell.net/svs1911

San Miguel Middle School of Minneapolis (6-8)
3800 Pleasant Avenue
Minneapolis, MN 55409
612-870-1109
www.sanmiguel-mpls.org

Visitation Catholic School (K-8)
171 West 239th Street
Bronx, NY 10463
718-543-2250
www.visitationschoolbronx.org

Mt. Carmel–Holy Rosary School (PreK-8)
371 Pleasant Avenue
New York, NY 10035
212-876-7555
www.mtcarmelholyrosary.org

Nativity Catholic School (PreK-8)
944 West 56th Street
Los Angeles, CA 90037
323-752-0720
www.nativityschoolla.com

Sacred Heart Cathedral School (K-8)
711 Northshore Drive SW
Knoxville, TN 37919
865-588-0415
www.shcschool.org

Sacred Heart School (PreK-8)
1625 Park Road NW
Washington, DC 20010
202-265-4828
www.sacredheartschooldc.org

Saint Ann Catholic School (PreK-8)
2211 West 18th Place
Chicago, IL 60608
312-829-4153
www.stanncrusaders.org

Saint Ann Parish Elementary School (PreK-8)
314 East 110th Street
New York, NY 10029
212-722-1295
www.stannschoolnyc.org

Saint Anthony Catholic School (PreK-6)
349 Warman Avenue
Indianapolis, IN 46222
317-636-3739
www.archindy.org/mtca/schools-anthony.html

Saint Anthony School (PreK-8)
1015 East Harrison Avenue
Harlingen, TX 78550
956-423-2486
www.saintanthonyeagles.com

Saint Anthony School of Milwaukee (PreK-8)
1669 South 5th Street
Milwaukee, WI 53204
414-384-1729
www.stanthonysschool.org

Saint Augustine Catholic School (PreK-8)
1064 North St. Augustine Drive
Dallas, TX 75217
214-391-1381
www.staugdallas.org

Saint Helen School (PreK-8)
2347 West Augusta Boulevard
Chicago, IL 60622
773-486-1055
www.sthelenchicago.org

Saint Ignatius Martyr (PreK-8)
120 West Oltorf Street
Austin, TX 78704
512-442-8685
www.st-ignatius.org/school

Saint John's School (PreK-8)
3143 Kingsbridge Avenue
Bronx, NY 10463
718-548-0255
www.stjohnschoolbronx.org

Saint Mary of Carmel Catholic School (PreK-8)
1716 Singleton Avenue
Dallas, TX 75212
214-748-2934
www.smcschool.org

Saint Mary of the Assumption School (PreK-8)
301 Haverhill Street
Lawrence, MA 01840
978-685-2091
www.stmaryassumption-lawrence.org

Saint Rose of Lima School (K-8)
1345 West Dakota Avenue
Denver, CO 80223
303-733-5806
www.strosedenver.org

Saint Vincent School (K-8)
2333 South Figueroa Street
Los Angeles, CA 90007
213-748-5367
www.home.pacbell.net/svs1911

San Miguel Middle School of Minneapolis (6-8)
3800 Pleasant Avenue
Minneapolis, MN 55409
612-870-1109
www.sanmiguel-mpls.org

Visitation Catholic School (K-8)
171 West 239th Street
Bronx, NY 10463
718-543-2250
www.visitationschoolbronx.org

Apéndice

Escuelas de casos de estudios prácticos

Expresamos nuestro más profundo agradecimiento a todas las escuelas que participaron como casos de estudio. El equipo de trabajo está muy agradecido con los líderes escolares, pastores, maestros y demás partes interesadas por haber compartido generosamente sus experiencias de servicio efectivo a las comunidades latinas.

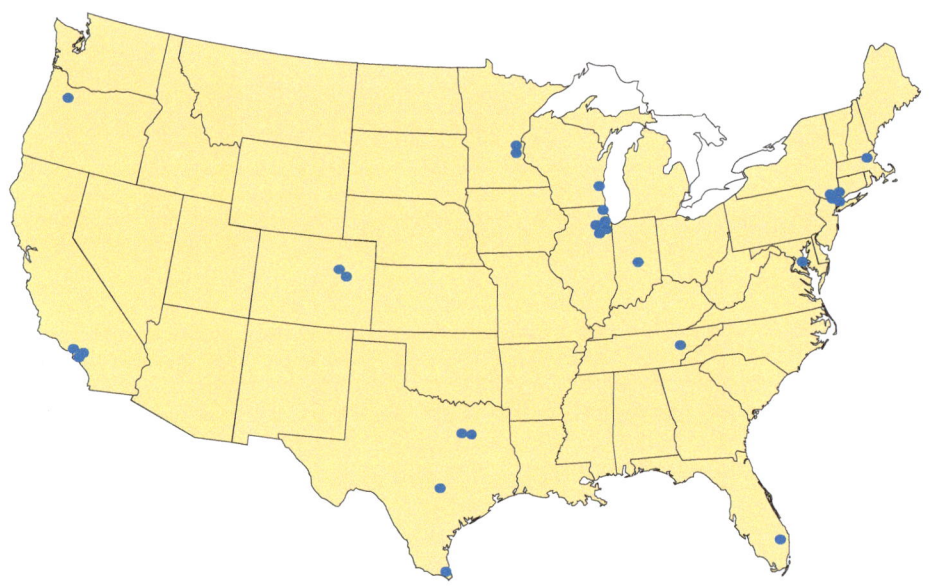

Academy of Our Lady (PreK-8)
510 Grand Avenue
Waukegan, IL 60085
847-623-4110
www.acadofourlady.org

Cristo Rey Jesuit High School (9-12)
1852 West 22nd Place
Chicago, IL 60608
773-890-6800
www.cristorey.net

Cristo Rey Jesuit High School (9-12)
2924 4th Ave South
Minneapolis, MN 55408
612-545-9700
www.cristoreytc.org

Escuela de Guadalupe (K-5)
3401 Pecos Street
Denver, CO 80211
303-964-8456
www.escuelaguadalupe.org

Holy Redeemer Catholic School (PreK-8)
127 North Rosa Parks Way
Portland, OR 97217
503-283-5197
www.holyredeemerpdx.org

Hope Rural School (K-5)
15929 SW 150th Street
Indiantown, FL 34956
772-597-2203
www.diocesepb.org/education/schools/hope.asp

Immaculate Conception School (K-8)
8739 South Exchange Avenue
Chicago, IL 60617
773-375-4674
www.immaculateconceptionsouth.org

Mother of Sorrows Catholic School (PreK-8)
100 West 87th Place
Los Angeles, CA 90003
323-758-6204
www.motherofsorrowsla.com

children who were born in the U.S. to two parents who were also born in the U.S. but at least one grandparent was born abroad, and fourth generation refers to all children who were born in the U.S. to two parents who were born in the U.S. and two grandparents who were also born in the U.S." See D. Lopez and V. Estrada, "Language," in M. C. Waters and R. Ueda, eds., *The New Americans: A Guide to Immigration Since 1965* (Cambridge, MA: Harvard University Press, 2007), 237.

[23]Ibid.

[24]T. Ready and A. Brown-Gort, *The State of Latino Chicago: This is Home Now* (Notre Dame, IN: Institute for Latino Studies, University of Notre Dame, 2005), 15.

[25]Telles and Ortiz, "Finding America," 199.

[26]J. P. Greene and G. Forster, *Public High School Graduation and College Readiness Rates in the United States* (New York: Manhattan Institute, 2003).

[27]C. Suarez-Orozco and M. M. Suarez-Orozco, "Education," in M. C. Waters and R. Ueda, eds., *The New Americans: A Guide to Immigration Since 1965* (Cambridge, MA: Harvard University Press, 2007), 243-257.

[28]P. Gándara and F. Contreras, *The Latino Education Crisis: The Consequence of Failed Social Policies* (Cambridge, MA: Harvard University Press, 2009).

[29]Greene and Forster, *Public High School Graduation and College Readiness Rates*.

[30]M. Ryu, *Minorities in Higher Education: Twenty-third Status Report* (Washington, DC: American Council on Education, 2008).

[31]Telles and Ortiz, "Finding America," 210.

[32]Ibid.

[33]United States Census Bureau, *Annual Estimates of the Resident Population by Sex, Race, and Hispanic Origin for the United States: April 1, 2000 to July 1, 2008* (Washington, DC: U.S. Census Bureau, 2008), http://www.census.gov/popest/national/asrh/NC-EST2008-srh.html; U. S. Census Bureau, *Projections of the Population by Sex, Race, and Hispanic Origin*, http://www.census.gov/population/www/projections/summarytables.html

[34]*Facts and Figures* (Cristo Rey Network Schools, 2009), http://www.cristoreynetwork.org/about/facts_figures.shtml

[35]*Annual Report* (Washington, DC: NativityMiguel Network of Schools, 2008).

[36]K. Au and C. Jordan, "Teaching Reading to Hawaiian Children: Finding a Culturally Appropriate Solution," in H. Trueba, G. Guthrie, and K. Au, eds., *Culture and the Bilingual Classroom: Studies in Classroom Ethnography* (Rowley, MA: Newbury, 1981), 139-152; G. Gay, *Culturally Responsive Teaching: Theory, Research, and Practice* (New York: Teachers College Press, 2000); T. C. Howard, "Powerful Pedagogy for African American Students: A Case of Four Teachers," *Urban Education* 36 (2001): 179-202; J. J. Irvine, *Educating Teachers for Diversity: Seeing with a Cultural Eye* (New York: Teachers College Press, 2003); G. Ladson-Billings, *The Dreamkeepers: Successful Teachers of African American Children* (San Francisco: Jossey Bass, 1994); C. D. Lee, "Signifying as a Scaffold for Literary Interpretation," *Journal of Black Psychology* 21 (1995): 357-381; G. Mohatt and F. Erickson, "Cultural Differences in Teaching Styles in an Odawa School: A Sociolinguistic Approach," in H. Trueba, G. Guthrie, and K. Au, eds., *Culture and the Bilingual Classroom: Studies in Classroom Ethnography* (Rowley, MA: Newbury, 1981), 105-119.

[37]United States Census Bureau, *Hispanics in the United States* (Washington, DC: U.S. Census Bureau, 2006), http://www.census.gov/population/www/socdemo/hispanic/files/Internet_Hispanic_in_US_2006.pdf

[38]V. Elizondo, *Guadalupe: Mother of the New Creation* (Maryknoll, NY: Orbis Books, 1997), xi.

[39]R. J. Nuzzi, J. M. Frabutt, and A. C. Holter, *Faith, Finances and the Future: The Notre Dame Study of U.S. Pastors* (Notre Dame, IN: Alliance for Catholic Education Press, 2008), 40.

[40]Gándara and Contreras, *The Latino Education Crisis*.

[41]J. Crawford and S. Krashen, *English Learners in American Classrooms* (New York: Scholastic, 2007).

[42]J. Mathews, *Work Hard, Be Nice: How Two Inspired Teachers Created the Most Promising Schools in America* (Chapel Hill, NC: Algonquin Books, 2009).

[43]G. A. Strizek, J. L. Pittsonberger, K. E. Riordan, D. M. Lyter, and G. F. Orlofsky, *Characteristics of Schools, Districts, Teachers, Principals, and School Libraries in the United States, 2003-04 Schools and Staffing Survey* (Washington, DC: U.S Department of Education, National Center for Education Statistics, 2006).

[44]C. Rothstein-Fisch and E. Trumbull, *Managing Diverse Classrooms: How to Build on Students' Cultural Strengths* (Alexandria, VA: Association for Supervision and Curriculum Development, 2008).

[45]J. R. Rosario and C. W. Rosario, "Latino Families, Communities, and Schools as Partners in Education: Best Practice Models and Why They Work," in T. Ready, ed., *Latino Educational Equity: A Web-Based Index and a Compendium of Best Practices in Latino Education in the United States* (Notre Dame, IN: Institute for Latino Studies, University of Notre Dame, 2008).

[46]*The People's Poll on Schools and School Choice: A New Gallup Survey* (Washington, DC: Gallup, 1992); N. H. Shokraii, *Why Catholic Schools Spell Success for America's Inner-City Children* (Washington, DC: The Heritage Foundation, 1997).

[47]USCCB, *Renewing Our Commitment*, 1.

[48]C. Smith and M. O. Emerson, *Passing the Plate: Why American Christians Don't Give Away More Money* (New York: Oxford University Press, 2008).

[49]*About the Diocese* (Diocese of Brownsville, 2009), http://www.cdob.org/diocese/; Diocesan Statistics (Diocese of Pittsburgh, 2008), http://www.diopitt.org/diocesanstats.php

[50]Strizek and colleagues, *Characteristics of Schools*.

[51]J. H. Gomez, "Evangelization, Education, and the Hispanic Catholic Future," *Origins* 39, no. 11 (2009): 185-189.

[52]C. Christensen, *Disrupting Class: How Disruptive Innovation Will Change the Way the World Learns* (Chicago: McGraw Hill, 2008); T. M. Moe and J. E. Chubb, *Liberating Learning: Technology, Politics, and the Future of American Education* (San Francisco: Jossey-Bass, 2009).

Notas

1. C. Lee, *Denver Public Schools: Resegregation, Latino Style* (Cambridge, MA: The Civil Rights Project of Harvard University, 2006).
2. *Office of Catholic Schools Report* (Chicago: Archdiocese of Chicago, 2008).
3. D. McDonald, *United States Catholic Elementary and Secondary Schools 2008-2009: The Annual Statistical Report on Schools, Enrollment, and Staffing* (Washington, DC: National Catholic Educational Association, 2009).
4. D. Neal, "The Effects of Catholic Secondary Schooling on Educational Achievement," *Journal of Labor Economics* 15 (1997): 98-123.
5. E. F. Litton, S. P. Martin, I. Higareda, and J. A. Mendoza, *The Promise of Catholic Schools for Educating the Future of Los Angeles* (Los Angeles, CA: Loyola Marymount University, 2008).
6. J. G. Altonji, T. E. Elder, and C. R. Taber, "Selection on Observed and Unobserved Variables: Assessing the effectiveness of Catholic Schools," *Journal of Political Economy* 113 (2005): 151-184; P. L. Benson, R. J. Yeager, M. J. Guerra, and B. V. Manno, *Catholic High Schools: Their Impact on Low-Income Students* (Washington, DC: National Catholic Educational Association, 1986); A. S. Bryk, V. E. Lee and P. B. Holland, *Catholic Schools and the Common Good* (Cambridge, MA: Harvard University Press, 1993); J. S. Coleman and T. Hoffer, *Public and Private High Schools: The Impact of Communities* (New York: Basic Books, 1987); J. S. Coleman, T. Hoffer, and S. Kilgore, *High School Achievement: Public, Catholic, and Private Schools Compared* (New York: Basic Books, 1982); W. N. Evans and R. M Schwab, "Finishing High School and Starting College: Do Catholic Schools Make a Difference?" *The Quarterly Journal of Economics* 110 (1995): 941-974; A. M. Greeley, *Catholic High Schools and Minority Students* (New Brunswick, NJ: Transaction Books, 1982); J. Grogger and D. Neal, "Further Evidence on the effects of Catholic Secondary Schooling," *Brookings-Wharton Papers on Urban Affairs* 1 (2000): 151-193; W. H. Jeynes, "Religion, Intact Families, and the Achievement Gap," *Interdisciplinary Journal of Research on Religion* 3, no. 3 (2007): 1-24; H. M. Marks and V. E. Lee, *National Assessment of Educational Progress Proficiency in Reading: 1985-1986. Catholic and Public Schools Compared. Final Report 1989* (Washington, DC: National Catholic Educational Association, 1989); D. Neal, "The Effects of Catholic Secondary Schooling"; W. Sander, "Catholic Grade Schools and Academic Achievement," *The Journal of Human Resources* 31 (1996): 540-548; W. Sander and A. Krautman, "Catholic Schools, Dropout Rates and Attainment," *Economic Inquiry* 33 (1995): 217-233.
7. T. S. Dee, "The Effects of Catholic Schooling on Civic Participation," *International Tax and Public Finance* 12 (2005): 605-625; C. M. Hoxby, *Do Private Schools Provide Competition for Public Schools?* (Cambridge, MA: National Bureau of Economic Research, Working Paper No. 4978, 1994); D. Neal, "The Effects of Catholic Secondary Schooling."
8. W. G. Ouchi, *Making Schools Work: A Revolutionary Plan to Get Your Children the Education They Need* (New York: Simon and Schuster, 2003).
9. Social Sector Office, McKinsey and Company, *The Economic Impact of the Achievement Gap in America's Schools* (McKinsey and Company, 2009).
10. D. McDonald, *United States Catholic Elementary and Secondary Schools 2008-2009*.
11. A. S. Bryk, V. E. Lee and P. B. Holland, *Catholic Schools and the Common Good*; J. S. Coleman, T. Hoffer, and S. Kilgore, *High School Achievement*; A. M. Greeley, *Catholic High Schools and Minority Students*.
12. Benedicto XVI, *Discurso a los educadores de las universidades católicas de Estados Unidos*, 17 de abril de 2008, http://www.ewtn.com/PapaUSA/universidad_catolica.asp
13. J. S. Coleman and T. Hoffer, *Public and Private High Schools*; J. S. Coleman, T. Hoffer, and S. Kilgore, *High School Achievement*.
14. Pew Hispanic Center and Pew Forum on Religion and Public Life, *Changing Faiths: Latinos and the Transformation of American Religion* (Pew Research Center, 2007).
15. D. E. Campbell and R. D. Putnam, *The Changing Face of American Catholicism*, Memo prepared for the United States Conference of Catholic Bishops (2008).
16. United States Census Bureau, *National Population Projects: Projections of the Population by Sex, Race, and Hispanic Origin for the United States: 2010 to 2050* (Washington, DC: U.S. Census Bureau, 2008), http://www.census.gov/population/www/projections/summarytables.html
17. United States Conference of Catholic Bishops, *Renewing Our Commitment to Catholic Elementary and Secondary Schools in the Third Millennium* (Washington, DC: USCCB, 2005), 9.
18. Notre Dame Task Force on Catholic Education, *Making God Known, Loved, and Served: The Future of Catholic Education in the United States* (Notre Dame, IN: University of Notre Dame, 2006).
19. M. C. Waters and R. Ueda, *The New Americans: A Guide to Immigration Since 1965* (Cambridge, MA: Harvard University Press, 2007).
20. E. E. Telles and V. Ortiz, "Finding America: Creating Educational Opportunity for Our Newest Citizens," in B. D. Smedley and A. Jenkins, eds., *All Things Being Equal: Instigating Opportunity in an Inequitable Time* (New York: Free Press, 2007), 190-215.
21. National Center for Educational Statistics, *The Condition of Education 2009* (Washington, DC: Institute of Education Sciences, U.S. Department of Education, 2009).
22. "First generation refers to children who were born abroad and migrated to the U.S. at age 6 or older; second generation refers to children who were born in the U.S. to foreign-born parents and all children born abroad who migrated to the U.S. at age 5 or younger. Third generation refers to all

Conclusión

La década que nos espera presenta una variedad de oportunidades, en medio de grandes obstáculos, para continuar una tradición católica estadounidense realmente única, es decir, proveer la oportunidad de una

Las familias latinas de hoy necesitan y merecen la ventaja de la escuela católica.

educación de alta calidad para todos, con énfasis especial en los marginados debido a sus realidades raciales, étnicas o socioeconómicas. El crecimiento de la población latina en los Estados Unidos nos presenta con un imperativo demográfico de aumentar nuestra capacidad nacional de servir familias latinas y en esto, las escuelas católicas juegan una función robusta en la educación de la siguiente generación de latinos estadounidenses que serán el futuro de nuestro país y de la Iglesia. Las familias latinas de hoy necesitan y merecen la ventaja de la escuela católica. Asimismo, las escuelas católicas de nuestra nación, con su legado de transformación de los jóvenes, serán renovadas y transformadas.

¿Qué puede ser más apropiado que imaginarse los desafíos y oportunidades que están ante nosotros que la multiplicación de panes y peces presentados de forma tan prominente de la escuela católica de St. Rose of Lima en Denver? Cuando Jesús les dice a sus discípulos que hagan que se sienten a comer las cinco mil personas que lo han venido siguiendo a un lugar remoto, sus seguidores más cercanos se resisten a la audacia de su pregunta.

"Aquí hay un muchacho que tiene cinco panes y dos pescados. Pero, ¿qué es eso para tanta gente?", preguntó Andrés. Y aun así, ¡qué grande fue la generosidad vital de aquel muchacho cuyo regalo hizo posible que todos comieran! Por supuesto que la esperanza de aquel muchacho nos inspira a hacer lo mismo en nuestro tiempo.

Luego de generaciones de fracaso para muchos latinos en las escuelas tradicionales y de una década que ha contemplado un amplio cierre de escuelas católicas en medio de una severa economía turbulenta, la meta de triplicar las inscripciones latinas y de abrir 600 escuelas en la próxima década puede, a primera vista, parecer más quijotesca que audaz. Este Equipo de Trabajo está convencido de que nuestra meta no sólo se debe lograr —por el bien de los niños y las familias a quien sirven estas escuelas, por el bien de nuestra sociedad civil y por el bien de la Iglesia— sino que también se puede lograr, como lo han demostrado las escuelas exitosas que hemos mencionado en este reporte. Nuestro trabajo y las personas que hemos conocido en este proceso nos alientan a tener fe en que, como promete Nuestra Señora de Guadalupe, encontraremos rosas en diciembre. Por supuesto que a pesar de todas las preocupaciones y los desafíos que van surgiendo reconocemos y aceptamos que nuestra mayor inquietud es: ¿Han sido muy bajos nuestras metas?

motivarse a las fundaciones y filántropos a invertir en programas escolares de base que tengan efecto en la reducción de los costos escolares, incrementando a la vez el acceso a la tecnología. Dado que las innovaciones tecnológicas que mejoran sustancialmente la educación aun son una realidad naciente, un subgrupo del comité de trabajo formará un comité permanente cuya función será continuar explorando el papel que jugará la tecnología, con la meta principal de proveer una educación católica a más familias latinas.

Por encima de todo, debemos trabajar juntos para construir un movimiento nacional que involucre a cientos de organizaciones y a miles de personas. Plenamente conscientes de los innumerables desafíos, pero inspirados por la dignidad de la meta que nos hemos propuesto,

LA ACE Y EL IEI SE COMPROMETEN A:

Servir como base de operaciones para los esfuerzos continuos.

Mediante la ACE y el IEI, la universidad proveerá una sede para que del Equipo de Trabajo se forme un comité que sirva como grupo de investigación, seguimiento y apoyo para continuar trabajando en este asunto tan importante. El Equipo de Trabajo desarrollará materiales promocionales interactivos para promover la ventaja de la educación católica para hispanos en las comunidades establecidas a lo largo de la nación y construirá una página digital interactiva para llevar adelante este tema e invitar a la amplia participación. Este comité de implementación publicará un reporte anual que refleje el progreso y buscará establecer sociedades adicionales fortaleciendo las ya existentes, para estudiar y aprender de otras lo que ya se ha comprobado que funciona y para diseminar nacionalmente aquellas conclusiones y mejores prácticas mediante una serie regular de publicaciones y recursos disponibles en línea. Buscamos aliados de todas partes que reconozcan la urgencia del momento y compartan nuestra convicción de que las escuelas católicas representan el medio más fuerte y comprobable de mejorar la educación latina logrando y motivando la plena participación y liderazgo en la vida cívica y en la Iglesia.

Al final, no podemos intimidarnos ante la magnitud de la inversión requerida para abrir 600 escuelas, de llenar escritorios vacíos en las escuelas de todo el país, de preparar una nueva generación de líderes capaces y comprometidos, de fortalecer las escuelas mismas de tal manera que puedan extender su legado de excelencia y, más importante aún, aumentar las oportunidades educativas para los niños latinos. La magnitud de la inversión se reduce dramáticamente cuando uno contempla la pérdida de la Iglesia y de nuestro país si mantenemos el estatus quo y sucumbimos ante la tentación de una prudencia falsa y paralizante. Dado que el impacto económico favorece este curso de acción, ¿cuánto más atractivo puede ser el darse cuenta de que el aumento de inscripciones de niños latinos a las escuelas católicas transformará miles —y con el tiempo, millones— de vidas y vivirá por un largo tiempo cumpliendo la promesa de igualdad de oportunidades, principio que ha sido una base fundamental de la democracia estadounidense?

los alternativos de gobierno escolar. La sociedad existente entre Boston College y St. Columbkille y entre Notre Dame y las academias de la ACE representan dos experimentos relevantes. En un momento en que el mantener el estatus quo no es una opción para muchas escuelas católicas urbanas, motivamos a las instituciones a ser más abiertos a la experimentación. Considérese el éxito de las redes de escuelas de Cristo Rey y NativityMiguel que han respondido con pasión e imaginación al desafío central y a la oportunidad que les ha trazado este equipo de trabajo. Las lecciones aprendidas de estos modelos innovadores ha tenido un impacto más allá de su propia escala.

TODOS LOS GRUPOS INTERESADOS DEBEN TRABAJAR JUNTOS EN:

Mejorar la infraestructura tecnológica en las escuelas.

La tecnología debe jugar un papel importante en alcanzar la meta que se ha propuesto el equipo de trabajo, puesto que las innovaciones tecnológicas tienen en sí mismas el potencial de aumentar el acceso de las escuelas, disminuyendo al mismo tiempo sus costos de educación. De hecho, algunos de los investigadores predicen que "innovaciones perturbadoras" en la tecnología pueden, en un futuro cercano, transformar la educación en todos los niveles y promover aceleradas reducciones en los costos educativos.[52] A primera vista puede parecer que las escuelas católicas no actuarán como pioneras en este movimiento debido a los costos de tecnología que típicamente se han experimentado como cargas para las escuelas representando así una dificultad financiera. A pesar de los desafíos que enfrentan las escuelas católicas esta situación puede evaluarse como una oportunidad, particularmente a la luz de la relativa ausencia de burocracia, aun en las grandes diócesis donde se facilitaría la experimentación y evaluación. Motivamos a las escuelas católicas a que exploren y evalúen la tecnología educativa que abraza el valor y aumenta la calidad de la interacción entre el maestro y el estudiante, aun cuando implementen nuevos modelos de educación. El currículo, la instrucción y la evaluación pueden tomarse para responder a las necesidades individuales de aprendizaje, llevando a estrategias pedagógicas nuevas y más efectivas que beneficien a toda la comunidad escolar, especialmente a los estudiantes que provienen de familias de bajos ingresos.

Los colegios y universidades tienen una oportunidad de trabajar con las escuelas y diócesis para mejorar la infraestructura tecnológica en las escuelas juntamente con la manera en que los educadores utilizan la tecnología para maximizar el resultado por cada estudiante, mejorando el acceso a las familias y logrando un costo menor en la educación. Debe

especial en las diócesis de Tejas que tienen una gran población latina. La Fraternidad Docente se ha diseñado para incentivar a los maestros comprometidos a dejar un impacto a largo plazo en los salones de las escuelas católicas, desarrollando la excelencia como maestros de escuela y ejerciendo el liderazgo en círculos educativos mucho más amplios. Los miembros de la Fraternidad Docente se comprometen a enseñar en sus escuelas por un período adicional de tres años mientras que investigan, implementan y reflexionan en las mejores prácticas llevadas a cabo en el salón de clase.

IV. Transformando los sistemas y escuelas católicas
Realzando las estructuras y procesos institucionales

Mientras que puede resultar particularmente valioso el observar la experiencia histórica de las escuelas católicas estadounidenses para encontrar en ella criterios de organización para que los ambientes escolares sirvan de una mejor manera a los estudiantes latinos y a sus familias, también debemos estar abiertos a apartarnos, cuando sea necesario, de otros elementos de esa experiencia histórica. La realidad urbana ha cambiado y las dinámicas sociales que enfrentan las parroquias y las escuelas ha cambiado radicalmente desde los días en que no era inusual el encontrar 1,000 niños en las escuelas católicas de parroquias urbanas, 60 o más alumnos en cada salón, siendo enseñados por una mujer que había profesado votos religiosos. Entre los cambios más importantes destacan: las escuelas católicas ya no son subsidiadas por los bajos costos laborales de las mujeres y hombres que profesaron votos religiosos, la disminución de los pastores ha sido gradual, particularmente en las comunidades urbanas y rurales que han servido a las poblaciones emigrantes.

LAS PARROQUIAS Y LAS ESCUELAS DEBEN DE:

Considerar nuevos modelos de gobierno y organización escolar.

Deben buscarse alternativas al modelo tradicional de una escuela por parroquia para aliviar la carga del pastor en cuanto a la administración y dirección de la escuela se refiere y, a la vez, aumentar la inversión de laicos latinos así como su sentido de propiedad y pertenencia a la escuela. El Equipo de Trabajo motiva la adopción de un modelo alternativo de escuela que sea efectivo y que a la vez permanezca atento al contexto local. El Equipo de Trabajo estará disponible para asesorar a las diócesis y las redes de escuelas respecto a la mejor manera de establecer modelos viables y sostenibles con el paso del tiempo. Además de eso, las opciones de gobierno necesitan describirse claramente y hacer que estén disponibles para las parroquias y escuelas que sirven a las comunidades latinas.

Forjar sociedades entre instituciones de educación superior y escuelas católicas individuales.

Los colegios y universidades católicas pueden asociarse con escuelas católicas existentes que tengan programas desde kínder hasta 12° grado mediante formas innovadoras que apoyen la adopción de las mejores prácticas en la instrucción y el currículo, y que a la vez exploren mode-

cuelas católicas de los Estados Unidos durante un lapso establecido y ofrecerles oportunidades educativas en un consorcio de universidades católicas. Un programa así será un beneficio mutuo y fortalecerá la identidad cultural y católica de las escuelas seleccionadas a la vez que añadirá un componente educativo valioso para los miembros de las órdenes religiosas florecientes en América Latina.

LA ACE Y EL IEI SE COMPROMETEN A:

Desarrollar un modelo de cultura escolar que pueda implementarse en las escuelas.

ACE desarrollará un modelo de cultura escolar portable que invite a la comunidad latina a tomar pertenencia y responsabilidad de la escuela y que incluye altas expectativas en el rendimiento académico, el apoyo de la competencia cultural en estudiantes y maestros así como el abrazar una visión global formada por el deseo de servicio y justicia social. Al profundizar en la investigación, las mejores prácticas y lecciones aprendidas durante el proceso del equipo de trabajo, ACE desarrollará una cultura de operación escolar que habrá de diseminarse mediante materiales escritos acompañados de una serie de talleres de desarrollo profesional en los cuales se capacitará a los maestros y a los líderes escolares para implementar una cultura escolar que transforme la empresa educativa. ACE desarrollará un programa piloto de esta cultura escolar mediante su iniciativa de sociedad con la Academia de la Alianza para la Educación Católica. Esta experiencia de diócesis piloto dará forma a una serie de materiales impresos que serán ampliamente disponibles para ayudar a las diócesis y al personal escolar con estrategias concretas para implementar una pedagogía y liderazgo culturalmente responsable en las escuelas católicas urbanas.

Desarrollar una academia para directores o directoras.

Una aventura conjunta con la ACE Consulting y ACE Fellowship, la academia fortalecerá la competencia profesional de las comunidades de administradores. Se reclutará a los líderes de las escuelas que sirven a las comunidades latinas para que participen en esta nueva iniciativa misma que explorará los medios para usar la tecnología y ampliar de esta forma el aprendizaje del administrador a la vez que se facilita la extensión de las comunidades de líderes escolares capaces y comprometidos con el crecimiento de sus escuelas.

Desarrollar una iniciativa nacional para promover la participación de los laicos en las juntas escolares.

La ACE Fellowship implementará, junto con el Mendoza College of Business de la Universidad de Notre Dame, así como diócesis y escuelas participantes, una iniciativa que ofrezca la capacitación necesaria para preparar miembros efectivos de juntas escolares al servicio de las escuelas católicas. Las diócesis que se incluyan a esta asociación serán aquellas más afectadas por el reciente crecimiento de la población hispana.

Establecer la Fraternidad Docente de la ACE (ACE Teaching Fellowship).

La ACE Fellowship ha creado un programa para aumentar la retención de maestros, con una mayor atención a los latinos y a otros grupos minoritarios. Con humildad reconocemos la ausencia de Notre Dame en este campo de la educación desde kínder hasta el 12° durante dos décadas, entre 1973, cuando la universidad cerró el Departamento de Educación, y 1993, cuando se fundó la Alianza para la Educación Católica. La ausencia de Notre Dame en este campo se dio en un momento de gran desafío para las escuelas católicas mientras que muchas universidades católicas continuaron respondiendo en esta área. De cualquier manera, al mirar hacia adelante, reconocemos que la educación católica superior tiene la oportunidad de fomentar la renovación de las escuelas católicas en los años porvenir.

Últimamente hemos visto una nueva energía en este campo. El surgimiento de ACE y ahora, de otros 13 programas de educación superior que comprende el Consorcio de Universidades para la Educación Católica (UCCE), trae un enfoque especial en la formación de líderes para las escuelas católicas. Otras organizaciones agrupadas bajo UCCE tales como la Asociación de Programas de Liderazgo Católico (Association of Catholic Leadership Programs, ACLP por sus siglas en inglés) y la naciente Colaborativa Católica para la Educación Superior (Catholic Higher Education Collaborative, CHEC por sus siglas en inglés) a menudo ofrecen avenidas de colaboración en agendas de investigación pertinentes a las escuelas católicas y a los asuntos explorados por este equipo de trabajo. En sentido último, estas organizaciones también ofrecen oportunidades para compartir las mejores prácticas en el campo de la formación de maestros y líderes escolares para preparar los líderes necesarios para transformar las escuelas católicas en formas tales que las mantengan cimentadas en su éxito histórico de educar a estudiantes de grupos minoritarios étnicos, la mayoría de los cuales, en las décadas venideras, serán hispanos.

Apoyar diócesis y escuelas proveyendo desarrollo profesional orientado a la preparación de maestros para trabajar con estudiantes latinos.

Las diócesis y las escuelas deben motivar y apoyar a los maestros en sus esfuerzos por aprender cómo servir a los estudiantes latinos —especialmente a quienes están aprendiendo inglés— de una forma más efectiva. En colaboración con las diócesis y las redes de escuelas como Cristo Rey y NativityMiguel, los colegios y universidades católicas pueden crear programas de desarrollo profesional que enfaticen una pedagogía culturalmente responsable y un conocimiento de base orientado al servicio de los distintos grupos étnicos, con especial énfasis en los latinos.

Crear un programa de intercambio de religiosos y religiosas para quienes han profesado sus votos en América Latina.

Recordemos que, en su fundación, cuando las escuelas católicas operaban a toda su capacidad, eran diferentes de una manera crucial: pudieron "acompañar" a sus minorías culturales porque trajeron sus propias religiosas y sacerdotes con ellos. Exploraciones iniciales con prelados líderes en América Latina revelan que hay entusiasmo respecto a un programa por asignar estratégicamente a personas de América Latina que hayan profesado votos religiosos en es-

---

"La educación es la llave"

"Estoy más y más convencido de que debemos responder los asuntos concernientes a la pobreza de los hispanos con un énfasis práctico e intenso en la educación, educación en general y educación en la fe. Todo experto en pobreza nos dice que la educación es la llave para salir de ella... Necesitamos empujar para que haya... apoyo público a la educación privada, especialmente en nuestros distritos más pobres. También necesitamos unir todos los recursos de nuestras propias redes de escuelas católicas para responder a este desafío".[51]

—*Reverendísimo José H. Gómez Arzobispo de San Antonio*

Dos terceras partes de los obispos hispanos católicos de Estados Unidos son egresados de escuelas católicas.

III. Desarrollando líderes
Edificando la capacidad humana

La campaña para llenar escritorios vacíos y aumentar la demanda de más escuelas católicas será guiada por líderes capaces.

LAS ESCUELAS Y LAS DIÓCESIS DEBEN:

Transformar la cultura escolar para responder a las necesidades específicas de la comunidad latina.

Las diócesis deben motivar a las escuelas católicas que buscan servir a las comunidades latinas a indagar la historia de servicio que la escuela católica ha prestado a las minorías étnicas mediante prácticas de enseñanza que respondan a esta cultura. Las escuelas católicas que emergieron en el siglo XIX fungieron como espacios seguros para las minorías marginadas que no siempre fueron bien servidas en las escuelas públicas de los Estados Unidos. Esas escuelas católicas fueron diseñadas para valorar el idioma, la cultura y la fe del hogar. Las comunidades latinas contemporáneas enfrentan un reto no menos grande. Para este fin, las diócesis —en compañía de los colegios y universidades católicas— deben ofrecer un desarrollo profesional y accesible que ayude a los maestros a asumir prácticas de enseñanza culturalmente responsables que incluyan investigaciones de base en torno a las perspectivas que resuenan contundentemente en la tradición de educación católica en los Estados Unidos.

Reclutar y educar maestros y líderes escolares latinos.

A nivel nacional los hispanos constituyen solamente el 6 por ciento de los maestros.[50] Las diócesis y escuelas deben invitar a los educadores latinos a tomar mayor conciencia de su pertenencia y propiedad de las escuelas católicas reclutando maestros latinos y líderes escolares de una manera más efectiva. Esto representa una oportunidad clave para profundizar y desarrollar trabajos conjuntos entre diócesis e instituciones de educación superior. Los colegios y universidades católicas pueden desarrollar y refinar programas que atraigan y preparen exitosamente a los maestros y líderes latinos para las escuelas católicas. De hecho, debido a todo su éxito en la formación de equipos de talentosos educadores y por sus esfuerzos constantes orientados al incremento de la diversidad étnica y racial, la ACE de la Universidad de Notre Dame y los otros 13 programas de preparación para maestros que forman parte del Consorcio de Universidades para la Educación Católica (UCCE por sus siglas en inglés) pueden y deben encontrar maneras de reclutar más hispanos en sus programas de enseñanza y liderazgo escolar.

LAS INSTITUCIONES DE EDUCACIÓN SUPERIOR DEBEN:

Crear nuevos programas —y aumentar los que ya existen— que preparen a maestros y líderes escolares desarrollando su sensibilidad y área de especialidad para así transformar salones y escuelas.

Hay una necesidad permanente de que los colegios y universidades católicas con programas de educación ayuden a encontrar maneras de enfatizar la formación de los líderes y maestros expertos en atraer y servir

---

Las hermanas

Algunos de los pastores emprendedores ya han comenzado a traer religiosas latinoamericanas a los Estados Unidos. Cuando el padre Mike Enright se convirtió en el pastor de la parroquia de la Inmaculada Concepción en Chicago, leyó la historia parroquial y se dio cuenta de que cada grupo emigrante que había llegado a los Estados Unidos vino acompañado de sacerdotes y religiosos profesos, hombres y mujeres, para dirigir la escuela. Hizo los arreglos necesarios para que las Hijas de María de Guadalupe vinieran y dirigieran la escuela parroquial, con la ayuda de las Hermanas Dominicas de Springfield, así como de las personas laicas de la facultad. Todas las Hermanas viven en el vecindario y están profundamente comprometidas en la vida parroquial, disminuyendo la división que a menudo separa a la escuela de la parroquia. La larga presencia de las Hermanas en la facultad contribuye a la identidad católica de la escuela, haciéndose más atrayente aun para los padres de familia de la comunidad.

nacional, especialmente dado el incremento de la presencia hispana en todas las regiones de los Estados Unidos. Asimismo, haremos bien en enfocarnos inicialmente en estados que sustentan y apoyan los programas de elección paterna, incluyendo Arizona, Florida, Georgia, Luisiana, Ohio, Pensilvania y Wisconsin donde los resultados están disponibles para hacer que las familias calificadas escojan escuelas alternativas.

Reabrir escuelas cerradas.

Para alcanzar nuestra meta también hemos proyectado la necesidad de reabrir durante los próximos 10 años más de 300 escuelas católicas que han cerrado. Las instalaciones están ahí y también lo estarán los estudiantes que una vez trabajaron para aumentar la demanda y accesibilidad entre las familias latinas cobrando así un nuevo impulso. Llamamos a todas las partes interesadas a colaborar en la creación e implementación de formas creativas y disciplinadas a que desarrollen y articulen estrategias para reabrir escuelas recientemente cerradas en áreas donde hay necesidad y oportunidad.

Construir nuevas escuelas.

Finalmente, el Equipo de Trabajo busca una oportunidad de construir nuevas escuelas en el área, especialmente en California y en el Suroeste, que representan las regiones en las que se requiere más atención a los latinos. Proponemos que deben abrirse alrededor de 300 nuevas escuelas durante los siguientes diez años. El siguiente ejemplo resalta el hecho de que los hispanos no reciben la atención adecuada por parte de las escuelas católicas debido a que no hay suficientes escuelas donde viven. Considérese el caso de la Diócesis de Pittsburgh, que tiene una escuela por cada 6,400 católicos mientras que la diócesis de Brownsville tiene una por cada 64,000.[49] En otras palabras, el promedio de escuelas católicas a la población católica es aproximadamente diez veces mayor en Brownsville, que es a la vez una de las diócesis más densamente latinas en la nación. Para responder a esta necesidad, el equipo de trabajo se esforzará por encontrar socios para construir más escuelas en estados como Tejas, California, Florida y Arizona. Buscaremos organizaciones innovadoras como *Habitat for Humanity* como paradigmas de desarrollo para un programa nacional que cuente con oficinas locales a fin de construir escuelas atractivas con un sistema de escolaridad económicamente viables en estas regiones de alta necesidad.

LA ACE Y EL IEI SE COMPROMETEN A:

Proveer consultoria y apoyo a todos los esfuerzos locales.

Buscar una colaboración con la Escuela de Arquitectura de la Universidad de Notre Dame y con la extensa red de ex alumnos de la universidad que forman parte de la industria del diseño y la construcción a fin de cumplir esta meta. Asimismo, mediante la Consultoría de la ACE y ACE Fellowship, la universidad ayudará a las diócesis a organizar y ejecutar campañas de base por parte de los padres y fieles de la parroquia para construir escuelas siguiendo las estrategias más efectivas en cuanto a la recaudación de fondos se refiere.

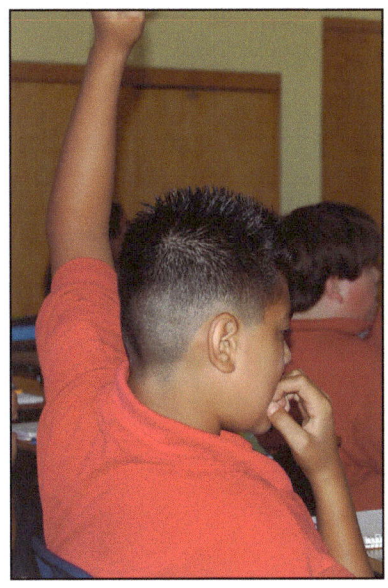

Inglés como nuevo idioma

Durante el año 2009 la Universidad de Notre Dame ha triplicado el número de participantes en su programa certificado de Inglés como Nuevo Idioma (ENL, por sus siglas en inglés) hasta más de 40 participantes. Este programa de ENL prepara a maestros veteranos de escuelas católicas a que sirvan más efectivamente a sus estudiantes cuyo idioma de origen no es el inglés y ayuda a otros en su facultad, tanto como a otras escuelas en la diócesis a mejorar su práctica.

fuerzos de aumentar el acceso a la educación católica en las comunidades latinas.

Apoyar la expansión de opciones de becas provenientes de los fondos públicos con el fin de proveer alternativas educativas para las familias necesitadas.

La universidad ha iniciado una agenda ambiciosa en esta esfera, enfocada primordialmente en la investigación continua, aumentando el nivel de concientización entre los líderes cívicos y religiosos, desarrollando líderes y motivando el apoyo comunitario. Para comenzar, la Universidad de Notre Dame ha iniciado una serie de reuniones para académicos, creadores de pólizas de administración pública y para miembros de la United States Conference of Catholic Bishops (Conferencia de Obispos Católicos en los Estados Unidos, USCCB por sus siglas en inglés) respecto a los medios más efectivos para aumentar el número de becas para familias interesadas en inscribirse en escuelas católicas desde kínder hasta el 12º grado.

De manera similar, la universidad planea generar oportunidades que involucren a líderes cívicos clave, así como a legisladores, resaltando la experiencia de quienes formulan las pólizas de la administración pública que han diseñado e implementado exitosamente programas de becas con fondos públicos para los miembros de su distrito. Asimismo, la misma universidad recientemente comenzó una experiencia de formación integral para desarrollar la siguiente generación de líderes del movimiento de decisión paterna, el ACE Parental Choice Symposium (Simposio para la Decisión Paterna de la ACE). Se

creó con la finalidad de proveer una inmersión intelectual y experimental en el movimiento a fin de aumentar el ingreso de kínder hasta el 12º grado en las escuelas católicas, esta aventura, financiada por ACE Fellowship (Hermandad ACE) que da a los participantes un acercamiento incomparable al movimiento líder en materia de becas, permitiéndoles trabajar directamente en un área urbana que ha tenido éxito en diseñar e implementar un programa de becas financiado con fondos públicos.

Finalmente, el ACE Fellowship (Hermandad ACE) explorará oportunidades de servicio como un recurso para las comunidades latinas que buscan aprender más acerca de las oportunidades que existen en torno a las becas financiadas con fondos públicos.

II. Desarrollando el acceso
Reabriendo facilidades y construyendo nuevos edificios

UNA COALICIÓN FORMADA POR TODAS LAS PARTES INTERESADAS DEBE TRABAJAR UNIDA PARA:

Llenar los escritorios vacíos.

A fin de lograr la meta de educar 1 millón de latinos en las escuelas católicas para el año 2020, primero debemos concentrarnos en llenar por lo menos la mitad de los casi 691,000 escritorios vacíos en las escuelas católicas activas a nivel nacional. Las áreas de oportunidad se concentran en regiones con una alta densidad de familias latinas y una gran cantidad de escritorios disponibles —estados como California, Nueva York e Illinois— pero esto necesita ser un esfuerzo lo están al momento presente, a las parroquias con escuelas y a los padres que eligen esas escuelas para sus hijos. Ninguna parroquia debe permanecer desconectada de este crítico desafío diocesano.

LOS LÍDERES CÍVICOS PUEDEN,
en compañía con las instituciones católicas de educación superior y con las diócesis:

Establecer un fondo nacional de becas.

La meta de educar a un millón de niños latinos en las escuelas católicas requerirá de una gran inversión por parte de las distintas partes interesadas. Por supuesto que estamos convencidos de que la magnitud de esta inversión no se compara con el costo humano, económico y cívico que traería el ignorar esta oportunidad y responsabilidad. El equipo de trabajo recomienda el establecimiento de un fondo nacional semejante al Hispanic Scholarship Fund (Fondo Hispano de Becas) para apoyar financieramente a los estudiantes latinos necesitados de tal forma que les permita obtener la ventaja de la educación católica.

Aumentar los programas de becas financiados por fondos públicos.

Escuelas como St. Anthony en Milwaukee ilustran el impresionante potencial que tienen las escuelas católicas de servir a las comunidades latinas así como del bien común que se obtiene cuando los fondos públicos se canalizan en pro de los padres de familia de bajos ingresos. Programas directos de beca como los que hay en Milwaukee, Cleveland, Nueva Orleans y Washington, DC, han proveído de un gran beneficio a las familias que residen en esas ciudades, así como el acceso financiero sin precedentes que han dado los programas de reembolso de impuesto a los contribuyentes en los estados de Florida, Georgia, Pensilvania y Arizona haciendo posible una educación de alta calidad de kínder hasta 12° grado en las escuelas católicas. Dado que las escuelas católicas son típicamente más eficientes que las escuelas públicas, estos programas benefician directamente al bien común de dos maneras: ahorrando miles de millones de dólares anuales a los contribuyentes y preparando ciudadanos dinámicos y bien educados. El equipo de trabajo está convencido de que debemos trabajar para aumentar el ingreso a las escuelas católicas mediante la creación y expansión de vales y programas de reembolso de impuestos, puesto que tales iniciativas constituyen los medios más directos de ayudar a las familias a seleccionar la educación que determinen ser la mejor para sus hijos.

LA ACE Y EL IEI SE COMPROMETEN A:

Desarrollar una estrategia para aumentar becas locales que apoyen a estudiantes latinos.

Miles de familias hispanas son beneficiadas por oportunidades de becas locales, sin embargo el apoyo no es suficiente. La Universidad de Notre Dame propone aliarse con fundaciones que presten becas además de filántropos a nivel diocesano para juntos investigar las maneras en que se puede brindar más asistencia monetaria. Se requieren de alianzas progresistas para consolidar los es-

algunas de las familias de clase media, aun cuando para la gran mayoría de las escuelas católicas, el ingreso obtenido por la enseñanza escolar no se acerca al costo por alumno que se requiere para educarlo, costo que, usualmente es cubierto por la parroquia, el apoyo económico diocesano y las intensas campañas de desarrollo y recaudación de fondos.

LAS DIÓCESIS PUEDEN:

Expandir y promover constantemente la ayuda existente en relación a los costos de enseñanza, así como informar efectivamente a las familias respecto a la ayuda financiera disponible.

Muchas diócesis han establecido subvenciones para apoyar los costos educativos de las familias de bajos ingresos. Sin *Big Shoulders* (Hombros Grandes) en Chicago o *The Catholic Education Foundation* (Fundación para la Educación Católica) en Los Ángeles, por citar dos ejemplos, muchos estudiantes latinos no tendrían acceso a la educación católica y muchas más escuelas ya hubieron cerrado sus puertas. Se motiva a todas las diócesis a desarrollar y ampliar estos programas y a buscar apoyo de la comunidad católica así como de los benefactores potenciales de todas las tradiciones de fe que reconocen y valoran la contribución de las escuelas católicas a la sociedad en general. Los obispos y otros líderes dentro de la Iglesia, eclesiásticos y laicos, deben tener confianza al saber que ningún ministerio de la Iglesia genera una admiración más entusiasta como la que se genera gracias a sus escuelas católicas.[46]

Aumentar las donaciones católicas mediante la colecta de ofertorio y otras formas para hacer posible que la educación católica sea accesible a todos los padres y tutores legales que desean esta educación para sus hijos.

Los obispos católicos de los Estados Unidos lo han hecho claro en su *Renewing Our Commitment* [Renovando nuestro compromiso] el apoyo a la educación católica "es responsabilidad de toda la comunidad católica".[47] El Equipo de Trabajo llama a una iniciativa nacional a estudiar los modelos y comportamientos de donación por parte de los católicos y así encontrar maneras de aumentar el porcentaje de ingreso con el que se contribuye a la Iglesia, que actualmente es menos del 2 por ciento del ingreso.[48] El equipo de trabajo también recomienda que las diócesis exploren formas concretas de promulgar las afirmaciones de los obispos en *Renewing Our Commitment* [Renovando nuestro compromiso]. Por ejemplo, las diócesis deben explorar alguna forma de compartimiento parroquial para apoyar la educación católica de tal manera que el apoyo a la educación católica comparta la responsabilidad de las escuelas católicas a todas las parroquias y personas católicas dentro de la diócesis, previniendo que las cargas financieras se distribuyan inequitativamente, como

---

Nuevas construcciones

Lo que puede parecer sólo un sueño lunático en medio de una década que ha presenciado el cierre de 1,400 escuelas católicas se hace posible cuando uno observa los hechos que se han dado durante los últimos 25 años en torno a las nuevas escuelas católicas: En la última década, por encima de la turbulencia económica, se han construido y abierto cerca de 300 nuevas escuelas católicas. A la luz de esta tendencia, el abrir escuelas nuevas para el año 2020, en áreas donde no se ha servido apropiadamente a los latinos, claramente representa una posibilidad que podemos realizar.

LA ACE Y EL IEI SE COMPROMETEN A:

Conducir un estudio de mercadeo a nivel nacional.

Un análisis conducido por el Instituto de Estudios Latinos de la Universidad de Notre Dame enfocado en grupos de padres de familia establece la necesidad y dispone el camino para un estudio comprehensivo de mercadeo a nivel nacional para obtener un entendimiento meticuloso y matizado de las actitudes de los padres de familia latinos hacia las escuelas católicas. Un riguroso estudio nacional, conducido junto con instituciones asociadas, proveerá una base esencial de investigación para informar acerca del desarrollo y mejora de los esfuerzos y comunicaciones de mercadeo locales y nacionales orientados a incrementar la demanda por las escuelas católicas entre las familias latinas.

Asociarse con las diócesis y escuelas para racaudar información y diseminar hallazgos.

Al reconocer los muchos esfuerzos exitosos en las escuelas y diócesis a lo largo del país, la Universidad de Notre Dame abraza la oportunidad de asociarse con las diócesis y escuelas para continuar redefiniendo y compartiendo las mejores prácticas de mercadeo lo más ampliamente posible. Parte de este trabajo ya se ha venido realizando mediante la Consultoría de ACE, y la universidad ve este desarrollo como un depósito centralizado de las mejores prácticas que emergen de las diócesis y las escuelas, haciéndolas ampliamente disponibles en una variedad de formas que van desde plataformas en páginas digitales hasta servicios de desarrollo profesional. Por ejemplo, ACE planea ofrecer a las diócesis y a las escuelas una gran variedad de talleres y para ello ha nombrado recientemente al Padre Joseph Corpora, CSC, para dirigir este esfuerzo.

Educar a sacerdotes, diáconos y líderes respecto a la ventaja de la escuela católica y proveerlos con los talentos y herramientas necesarias para atraer y servir a los hispanos.

Los programas de desarrollo profesional son necesarios para pastores, sacerdotes, diáconos y líderes laicos a fin de ayudarles a convertirse en promotores y líderes más efectivos de parroquias y escuelas que sirven a las familias latinas. La Universidad de Notre Dame buscará asociarse a nivel nacional con las diócesis que tienen el nivel más alto de población latina a fin de proveerles el desarrollo profesional a los sacerdotes, diáconos y líderes.

Haciendo que la educación católica sea económicamente alcanzable

Aun cuando las conclusiones del equipo de trabajo sugieren que la incapacidad económica no es la única razón para explicar el bajo número de inscripciones hispanas, el aumentar la demanda de las escuelas descansa en encontrar y comunicar soluciones a la amplia preocupación existente respecto al costo económico. En relación a este desafío hay una lamentable ironía digna de hacer notar, ironía relacionada a la eficiencia histórica con la cual las escuelas católicas han educado tan efectivamente. A pesar de la eficiencia, la enseñanza permanece como una legítima barrera para

"Las escuelas católicas son responsabilidad de toda la comunidad católica".

—U.S. Conference of Catholic Bishops
Renovando Nuestro Compromiso

siderar su escuela parroquial o bien, si la parroquia no tiene una escuela, a considerar otras escuelas católicas en el área. Cuando los pastores se involucran en la vida de sus escuelas, los padres latinos tienden a valorar más su escuela debido a la fuerte identidad católica. Además de eso, debe motivarse a los sacerdotes que han sido asignados a parroquias que no tienen escuela a que promuevan las escuelas católicas vecinas entre los fieles de su parroquia. De forma inversa, los pastores de las parroquias con escuelas pueden pedir permiso a los sacerdotes cuya parroquia no tiene escuela de que les permita reclutar estudiantes después de las misas dominicales y en otros eventos parroquiales.

Hacer de la promoción entre los hispanos una prioridad.

Los superintendentes de las escuelas católicas harán muy bien en poner en primer plano la promoción y el servicio de las escuelas católicas al servicio de las familias latinas como uno de los grandes temas para sus directores o directoras a fin de asegurarse que a lo largo de todo el desarrollo profesional de estos líderes cuenten con las herramientas para promover sus escuelas más efectivamente a los latinos. Las diócesis harán muy bien en tener a alguien que hable español en la oficina central de las escuelas católicas que funcione como enlace entre ambas partes.

Las organizaciones comunitarias y liderazgo latinos también pueden hacer una contribución importante al comunicarle a los residentes de su distrito los beneficios de las escuelas católicas, a la misma vez que trabajan con líderes escolares parroquiales y diocesanos para obtener un mejor resultado de las campañas de promoción a las familias latinas. El equipo de trabajo espera laborar con estos grupos en los próximos años a fin de encontrar las maneras más efectivas de mejorar la diseminación de información importante para padres y familias.

El Equipo de Trabajo ha identificado algunos deberes que debe asumir la Alianza para la Educación Católica (ACE) así como el Instituto para Iniciativas Educativas (IEI) de la Universidad de Notre Dame para comprometerse con el incremento de esta demanda.

Cobrando una tarifa "justamente compartida"

Para los estudiantes que se integran al Colegio el costo de la educación puede incluso dejarlos estupefactos, pero en universidades como Notre Dame, donde no se considera la situación financiera de la persona para decidir si se le acepta o no, el proceso de ayuda financiera se asegura de que los estudiantes sean admitidos indistintamente de su estatus económico y que 100 por ciento de las necesidades de cada familia sea cubierto por ayuda financiera. Los pastores y directoras o directores harán bien en ver el costo de la enseñanza en términos similares.

Para las escuelas católicas pequeñas, sea que tengan 14 ó 24 estudiantes en la clase, el costo de enseñanza permanece constante. El grupo requiere del mismo maestro, del mismo director o directora y de los mismos costos de utilidades. Si por ejemplo, el gasto por escritorio es de $4,000 por niño, ¿por qué no cobrar solamente la mitad a la familia que no puede pagar la cantidad completa? Todos los padres pueden llenar una solicitud de ayuda financiera y el pastor o directora (director) de la escuela pueden contratar una empresa independiente para que revise las solicitudes y presente sugerencias respecto a la ayuda financiera. Un sistema así hará posible que las escuelas puedan proveer educación católica a más niños y generar un ingreso que posiblemente no tengan. Para las escuelas en dificultades financieras, esto puede marcar la diferencia entre cerrar sus puertas o mantenerlas abiertas. Y mientras que algunas personas sugieren que quienes pagan más sentirán que es injusto que otros paguen menos, este miedo no responde a la experiencia de muchos pastores y directoras (o directores) con los que hablamos. En el caso de que surjan tales perspectivas, ¿no es esta, a caso, una oportunidad para pastores, directores (o directoras) y líderes laicos que forman parte de los comités y juntas directivas para convertirse en defensores y promotores de esta iniciativa de base como un asunto de justicia cristiana? Durante el año escolar 2007-2008 hubo 691,000 escritorios vacíos en nuestras escuelas católicas a nivel nacional. Un sistema bien enfocado que responda a las necesidades de la base puede ayudar a llenar muchos de estos escritorios.

Ofrecer cuidado infantil de alta calidad después del horario de clases.

Para muchas familias donde ambos padres trabajan tiempo completo, y especialmente en los hogares de padres solteros, un cuidado infantil confiable es vital. Las escuelas católicas aumentan mucho más su hospitalidad y su valor en la misma proporción en la que ofrecen un cuidado infantil efectivo hasta altas horas de la tarde. Programas divertidos y educativos incrementan la demanda y aumentan el crecimiento académico. Ambas escuelas Mt. Carmel–Holy Rosary Catholic School y St. Ann Catholic School en East Harlem, por ejemplo, ofrecen un programa escolar en el cual los estudiantes están en clase hasta las 4:00 p.m. y en actividades postescolares hasta las 6:00 p.m. De igual forma, las 64 escuelas NativityMiguel a nivel nacional proveen un programa y año escolar extendidos a fin de asegurar que los estudiantes tengan una amplia oportunidad de ponerse al día en relación a sus compañeros y así lograr rendimiento académico que se espera. De tal manera los padres pueden asegurarse de que sus hijos están aprovechando sus tardes en un ambiente seguro y productivo.

Funcionar como centros comunitarios y parroquiales durante las noches y fines de semana.

Los edificios de las escuelas católicas pueden ser centros cívicos importantes así como instituciones educativas. Debe invitarse a los miembros de la comunidad a que hagan uso de las facilidades durante las noches y los fines de semana para implementar programas que beneficien el bien común y que a la vez sirva como espacios de reunión. Las escuelas deben enfocarse en la creación de oportunidades para que la gente de la comunidad local entre al edificio; una vez en el edificio, los materiales de promoción y mercadeo deben estar disponibles de manera llamativa.

En su esfuerzo por servir a más estudiantes latinos las diócesis pueden ayudar a las escuelas de muchas maneras.

LAS DIÓCESIS PUEDEN:

Promover efectivamente el valor de la educación católica.

Los obispos pueden ayudar a fortalecer —especialmente entre los pastores, sacerdotes, diáconos y superintendentes de escuelas católicas— el vínculo importante que existe entre los esfuerzos de promover e involucrar a los hispanos católicos y la ventaja de la educación católica. Nuestras conclusiones sugieren un gran potencial de una colaboración más fuerte entre las oficinas de las escuelas católicas y las oficinas para el ministerio hispano. En algunos casos, las oficinas diocesanas ya establecidas para el diaconado se pueden responsabilizar de dirigir los esfuerzos de promoción de las escuelas católicas en las misas y programas parroquiales.

Promover desde el púlpito.

La función del pastor, indistintamente de la pastoral que implemente en su parroquia, es vital para el bienestar de la escuela. Cuando los pastores apoyan las escuelas católicas desde el púlpito y en otras ocasiones, aumenta el nivel de conciencia y motiva a todos los padres de familia, especialmente a los padres de familia latinos a con-

---

Elogios constantes

"En mi experiencia, que abarca desde la investigación hasta trabajar en la Casa Blanca", las escuelas católicas han sido una faceta consistente de la vida católica que ha provocado una alabanza propiamente justificada a lo largo y ancho del país, tanto por católicos como por no católicos".

—John Dilulio
Director fundador de White House Office of Faith-Based and Community Initiatives

Establecer juntas y comités que involucren a los padres y líderes de la parroquia y la comunidad local en el liderazgo de la escuela.

Hay numerosas formas de hacer que los padres y líderes comunitarios se involucren activamente en las escuelas, por ello, el comisionar a la junta escolar y a otros comités a que compartan apropiadamente en la administración, dirección, desarrollo y planeación estratégica de la escuela puede convertirse en una forma particularmente efectiva de invitar y aumentar en los latinos el sentido de posesión y pertenencia respecto a las escuelas católicas.

Proveer programas educativos de alta calidad para la infancia temprana en las escuelas elementales.

Esther Flores, directora de la escuela St. Anthony en Harlingen, Tejas, en la Diócesis de Brownsville, acredita su programa preescolar como la causa principal del alto número de inscripciones en los primeros grados, explicando que "los padres vienen a experimentar y estimar el ambiente cuidadoso y el énfasis académico de nuestro programa de pre kínder". Arguye que las familias acostumbradas a pagar por el cuidado de niños y el programa preescolar están más inclinadas a ver la enseñanza de la escuela elemental como un esfuerzo que vale la pena y anticipan el costo una vez que son testigos de cómo se educa a sus hijos en el programa preescolar. De manera similar, la Hermana Josephine Cioffi, directora de St. Ann Catholic School en Harlem, Arquidiócesis de Nueva York, sugiere que el desarrollo de un programa de infancia temprana contribuyó a un notable crecimiento de 93 porciento en inscripciones en su escuela.

EL COMPROMISO DE NOTRE DAME

I. DESARROLLANDO LA DEMANDA
- Conducir un estudio de mercadeo a nivel nacional
- Asociarse con las diócesis y escuelas para reunir información y diseminar pericia
- Educar a los sacerdotes, diáconos y laicos acerca de los beneficios de las escuelas católicas
- Aumentar el apoyo financiero de comunidades locales para apoyar a estudiantes latinos
- Apoyar la expansión de opciones de becas provenientes de los fondos públicos

II. DESARROLLANDO EL ACCESO
- Proveer consultoria y apoyo a todos los esfuerzos locales

III. DESARROLLANDO LÍDERES
- Desarrollar un modelo de cultura escolar que pueda implementarse en las escuelas
- Desarrollar una academia para directores o directoras
- Promover la participación de los laicos en las juntas escolares
- Establecer la Fraternidad Docente de la ACE (ACE Teaching Fellowship)

IV. TRANSFORMANDO LOS SISTEMAS Y ESCUELAS CATÓLICAS
- Servir como base de operaciones para los esfuerzos continuos

I. DESARROLLANDO LA DEMANDA

LAS ESCUELAS PUEDEN...

- Implementar esfuerzos específicos y personalizados
- Revisar la cantidad y la naturaleza de las formas que hay que completar
- Aprovechar todas las ventaja las redes sociales
- Crear un espacio físico que represente la identidad cultural
- Captar el interés de los hispanohablantes
- Establecer juntas y comités que involucren a los padres y líderes de la parroquia
- Proveer programas educativos de alta calidad para la infancia temprana
- Ofrecer cuidado infantil de alta calidad después del horario de clases
- Funcionar como centros comunitarios en las noches y fines de semana

LAS DIÓCESIS PUEDEN...

- Promover efectivamente el valor de la educación católica
- Promover desde el púlpito
- Hacer de la promoción entre los hispanos una prioridad
- Luchar agresivamente por promover y expandir las becas
- Aumentar las donaciones católicas

LOS LÍDERES CÍVICOS PUEDEN...

- Aumentar los fondos monetarios de becas
- Aumentar los programas de becas financiados por fondos públicos

II. DESARROLLANDO EL ACCESO

UNA COALICIÓN FORMADA POR TODAS LAS PARTES INTERESADAS DEBE TRABAJAR UNIDOS PARA...

- Llenar los escritorios vacíos
- Reabrir escuelas cerradas
- Construir nuevas escuelas

III. DESARROLLANDO LÍDERES

LAS ESCUELAS Y LAS DIÓCESAS DEBEN...

- Transformar la cultura escolar para responder a las necesidades específicas de la comunidad latina
- Reclutar y educar a los maestros y los líderes escolares

LAS INSTITUCIONES DE EDUCACIÓN SUPERIOR DEBEN...

- Concientizar y desarrollar el talento de los maestros y líderes escolares para transformar los salones y escuelas
- Capacitar a los maestros para trabajar con estudiantes latinos
- Crear un programa de intercambio de religosos que hayan profesado sus votos en America Latina

IV. TRANSFORMANDO LOS SISTEMAS Y ESCUELAS CATÓLICAS

LAS ESCUELAS Y LAS DIÓCESIS PUEDEN...

- Considerar nuevos modelos de gobierno y organización escolar
- Forjar alianzas entre instituciones de educación superior y escuelas católicas

TODOS LOS GRUPOS INTERESADOS DEBEN TRABAJAR JUNTOS EN...

- Mejorar la infraestructura tecnológica en las escuelas

RECOMENDACIONES DEL EQUIPO DE TRABAJO

milia. Las escuelas católicas que sirven a las comunidades latinas pueden distinguirse a sí mismas de otras alternativas públicas y privadas siendo "visiblemente" católicas tanto en su presentación exterior como en su funcionamiento interno. Una iconografía familiar que resuene con la cultura de procedencia puede fortalecer críticamente los vínculos entre la casa y la escuela, con énfasis en la celebración de los días festivos de la cultura, tales

CNS Photo

como El Día de Muertos (2 de noviembre), las celebraciones propias de la temporada navideña, Las Posadas (una conmemoración de la jornada de María y José hacia Belén, del 16 al 24 de diciembre) y los Tres Reyes Magos (Epifanía, 6 de enero), los días de las fiestas patronales como la fiesta de San Juan Bautista (24 de junio, patrono de Puerto Rico) y otras fiestas, especialmente aquellas que celebran las apariciones de la Virgen María, incluyendo La Virgen de la Caridad del Cobre (8 de septiembre, patrona de Cuba), Nuestra Señora de Altagracia (21 de enero, patrona de República Dominicana), Nuestra Señora de la Divina Providencia (19 de noviembre, patrona de Puerto Rico) y Nuestra Señora de Guadalupe (12 de diciembre, patrona de México y de todo el continente americano).

Captar el interés de los hispanohablantes.

Históricamente las escuelas católicas han respetado los recursos culturales de las familias a las que sirven, y el exitoso establecimiento de las escuelas católicas urbanas en el siglo XIX se debe en gran medida a que las escuelas católicas se vincularon y comunicaron con las comunidades en su idioma de origen. En una economía cada vez más global, dominada por la información, la facilidad con múltiples idiomas es una ventaja única que nuestras escuelas deben atesorar y enseñar. A fin de asegurar un alto rendimiento académico, todas las escuelas católicas deben garantizar que sus graduados sean capaces de comunicarse con fluidez en inglés hablado y escrito. La investigación en torno a la educación indica que el mejor elemento que predice la capacidad de un estudiante para aprender un nuevo idioma es la facilidad que él o ella tiene con su lengua natal, por lo tanto, no se debe prohibir que los estudiantes hablen su propio idioma en un esfuerzo por adoptar el inglés. Las diócesis deben motivar a todos los maestros a que aprovechen las ventajas lingüísticas que los estudiantes traen consigo a su salón de clases. En las escuelas donde los estudiantes hablan español en el hogar, el español debe ser propiamente recibido y si es posible, utilizado en el salón de clases.

cesano debe subrayar la importancia de la acción local y de la promoción entre los latinos. No resulta sorprendente el hecho de que cada escuela y la gente vinculada a ella (pastores, directoras o directores, facultad, funcionarios y padres de familia) tengan una gran influencia para aumentar la demanda por las escuelas católicas.

Nuestras investigaciones sugieren que la adopción de un conjunto de iniciativas claras y coherentes de comunicacion y mercadeo a nivel escolar puede crear un aumento sustancial en el número de inscripciones de estudiantes latinos en un lapso relativamente breve. Las escuelas católicas próximas a las poblaciones latinas pueden logar sorprendentes resultados al implementar lecciones claves derivadas de las escuelas exitosas res-pecto a las formas más efectivas de atraer familias latinas.

LAS ESCUELAS PUEDEN:

Implementar esfuerzos específicos y personalizados.

Las casas abiertas e invitaciones genéricas no son tan efectivas como las invitaciones personales y el acercamiento a grupos pequeños. Las casas abiertas patrocinadas por la escuela con el fin de atraer nuevas familias florecen mucho más cuando los latinos mismos son los anfitriones y están ahí para responder a las preguntas. Los líderes escolares deben considerar el organizar horas mensuales de café con grupos pequeños de padres de familia y procurar invitar a miembros de la comunidad local para que les ayudar en el reclutamiento de nuevas familias para la escuela.

Revisar la cantidad y la naturaleza de las formas que hay que completar.

La burocracia percibida es una de las mayores causas que hace que las familias latinas pierdan interés en las escuelas, por lo tanto, la escuela debe asegurarse de que alguien esté disponible para ayudar a los padres de familia, en caso de ser necesario, a llenar las formas esenciales que se requieren. Las escuelas que buscan servir a los latinos deben asegurarse de que todos los esfuerzos por acercarse y comunicarse con los padres de familia, incluyendo el material informativo, solicitud, registro y formas para obtener ayuda financiera sean fáciles de entender y completarse y que estén disponibles en español.

Aprovechar las ventajas de las redes sociales.

Siempre que sea posible, las escuelas deben emplear a alguien que esté bien vinculado con la comunidad latina local para que trabaje en la oficina y funcione como enlace. Las escuelas deben hacer un esfuerzo especial para emplearlos o bien, atraer hacia sí a los padrinos y madrinas (literalmente hablando) y otras figuras confiables y respetadas en las comunidades parroquiales.

Crear una imagen física que refleje la cultura y los valores de la comunidad a la que sirve la escuela.

Nuestra investigación sugiere que las familias latinas que envían a sus hijos a las escuelas católicas lo hacen porque a menudo les atrae la identidad católica y por la expectativa de que la escuela les ayudará en sus esfuerzos por transmitir los valores religiosos, éticos y culturales de la fa-

---

¿Cómo determinamos estos números?

Nuestros estudios indicaron que el llenado de los escritorios vacíos logrará el impacto más grande, además de tener la virtud de engrandecer la estabilidad financiera de las escuelas que actualmente operan muy por debajo de su capacidad. Llenar la mitad de los escritorios actualmente vacíos durante los próximos diez años generará la mitad del crecimiento que se necesita para alcanzar la meta. El aumentar la capacidad de las escuelas con lista de espera (más del 25 por ciento de las escuelas católicas tienen lista de espera) puede generar triunfos pequeños pero importantes. La reapertura de escuelas apunta a que será una mezcla de tamaños, algunas con un salón para cada grado y otras con dos o más salones para cada grado. Proyectamos un promedio de 300 inscripciones por cada escuela reabierta. En cuanto a las nuevas escuelas, hemos basado nuestras proyecciones en 500 estudiantes por cada lugar, un número que presume aproximadamente 500 estudiantes por escuela, una cantidad razonable para una escuela con dos salones escolares por grado o una escuela preparatoria de modesto tamaño.

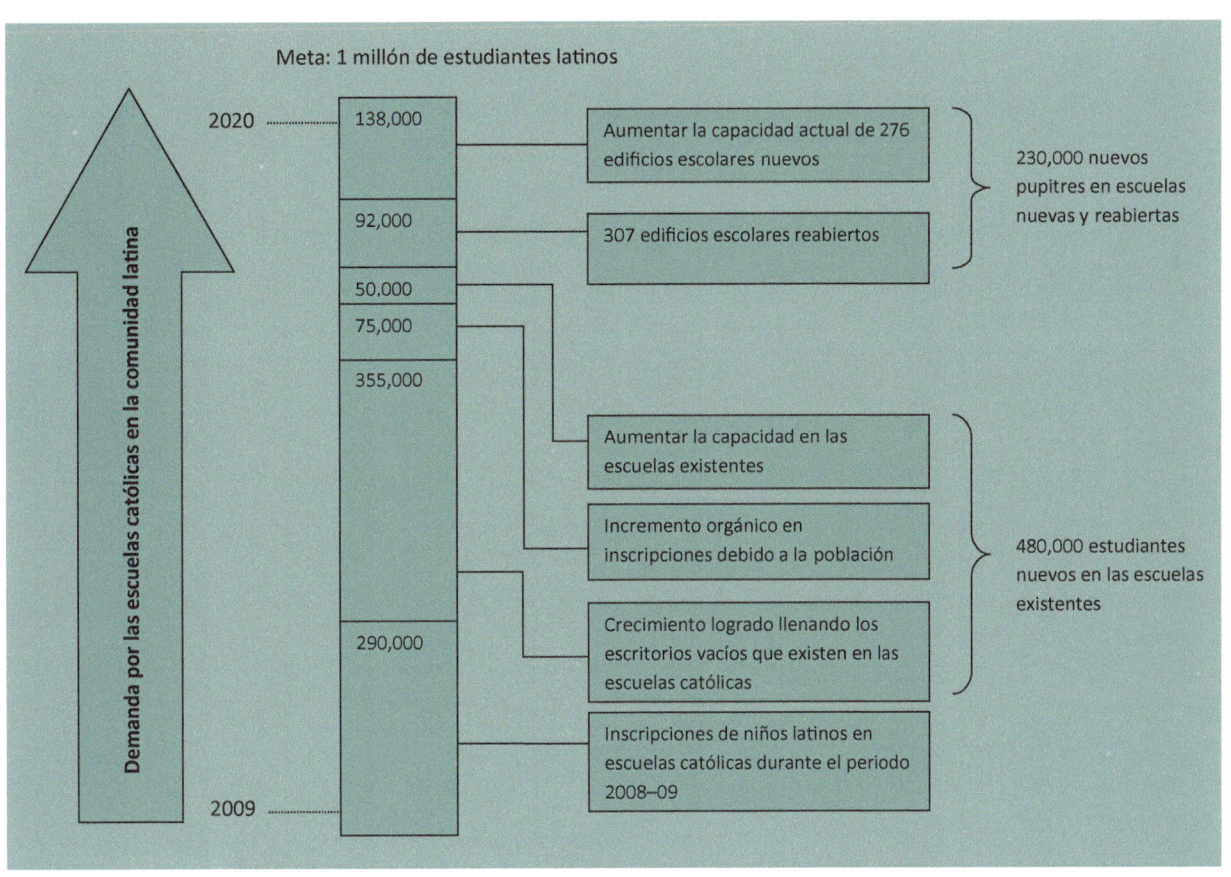

Dentro de cada tema sugerimos iniciativas apropiadas para los cinco grupos que hemos identificado como los principales interesados: la comunidad latina (padres de familia, familias y líderes cívicos), liderazgo eclesial, liderazgo escolar, líderes cívicos (empresarios, miembros de la comunidad, gobierno, filántropos) y educación superior, donde resaltaremos las iniciativas que serán ejercidas por la Alianza para la Educación Católica, el Instituto de Estudios Latinos y el Instituto para Iniciativas Educativas de la Universidad de Notre Dame.

I. Desarrollando la demanda
Informando y atrayendo familias latinas

El incrementar la demanda por las escuelas católicas entre las familias hispanas es algo esencial y factible. Nuestras recomendaciones en torno a la promoción y comunicación corresponden a las averiguaciones de que las familias latinas a menudo carecen de información acerca de las escuelas católicas, sus beneficios y orientación al servicio de las familias de ingresos modestos aun cuando hay un amplio deseo, incluso latente, de que sus hijos gozen de las ventajas de la educación católica en el sentido más amplio de la palabra. Mientras que las iniciativas estratégicas nacionales y regionales especialmente dedicadas a promover el valor de la propuesta de las escuelas católicas para los latinos son ciertamente aconsejables, especialmente para mantener esta percepción ante toda la Iglesia y la comunidad cívica, cualquier esfuerzo nacional o dio-

Recomendaciones

¿Qué se requiere para lograr nuestra meta, para doblar el porcentaje —aun más, para triplicar el número— de estudiantes latinos en escuelas católicas para el año 2020? Las siguientes recomendaciones emanan de una evaluación honesta de los desafíos y oportunidades que emergen de las conclusiones del equipo de trabajo, informados especialmente por las lecciones de éxito y por las mejores prácticas que ya se viven en muchas escuelas y diócesis del país. Reconocemos la amplitud y profundidad de los desafíos que enfrentamos, pero al mismo tiempo, hacemos notar que los obstáculos y oportunidades identificados por este equipo de trabajo pueden tomarse de forma exitosa hasta el punto de que continuamos fortaleciendo las redes y llevamos a la gente a entrar en acción tanto a nivel local como a nivel nacional.

Nuestra estrategia de implementación se enfoca en lugar es donde podemos progresar de manera significativa en un lapso relativamente breve: diócesis con una gran o relativamente creciente población latina acompañada de un número significativo de escritorios vacíos en las escuelas católicas. Reconocemos que aun cuando no se haga nada, dadas las presentes tendencias demográficas, el número de estudiantes latinos en las escuelas católicas aumentará aproximadamente 75,000 estudiantes durante los próximos diez años. A fin de alcanzar nuestra meta de inscripciones equivalente a unas diez veces en relación a ese número, proponemos que se implemente la siguiente estrategia dividida en cuatro pasos:

- Desafiar a la escuela a aumentar el número de estudiantes actuales;
- Llenar los escritorios vacíos aumentando la demanda mediante las estrategias cuya efectividad se ha comprobado;
- Reabrir escuelas que hayan sido cerradas recientemente donde hay una alta concentración de latinos; y
- Construir nuevas escuelas en áreas con un alto índice de población latina.

Nuestras recomendaciones específicas están basadas en los temas más sobresalientes como resultado de nuestro trabajo. Estos temas incluyen:

I. DESARROLLANDO LA DEMANDA
Informando, atrayendo y disminuyendo las barreras financieras para las familias latinas;

II. DESARROLLANDO EL ACCESO
Reabriendo y construyendo instalaciones;

III. DESARROLLANDO LÍDERES
Edificando la capacidad humana para el liderazgo en el salón de clase, las escuelas, parroquias, diócesis y otras áreas; y

IV. TRANSFORMAR LOS SISTEMAS Y ESCUELAS CATÓLICAS
Realzando las estructuras y procesos institucionales.

cente así como en el liderazgo de la escuela, a menudo llevan a los latinos de la comunidad a concluir que las escuelas católicas son "de ellos" y no "nuestras".

OPORTUNIDAD
Las escuelas católicas que operan como centros comunitarios añaden valor a las comunidades latinas.

Las escuelas exitosas en las comunidades latinas a menudo son las anfitrionas de eventos vespertinos y de fines de semana que tienen como objetivo dar la bienvenida a los latinos, logrando así que la escuela sea vista más como un centro comunitario que como una simple escuela tradicional que sólo está abierta durante el horario escolar tradicional. En años recientes ha habido muchos esfuerzos que se han centrado en la vinculación de los latinos en la educación y tales esfuerzos han demostrado ser exitosos.[45] Muchas escuelas cuyos casos fueron estudiados también se han convertido en centros comunitarios. Por ejemplo, Holy Redeemer Catholic School en la Arquidiócesis de Portland, Oregon, cuenta con clases vespertinas de ESL (Inglés como Segundo Idioma, por sus siglas en inglés), ciudadanía y computación. Esto atrajo a las familias a la escuela, mismas que eventualmente pidieron información para luego enviar a sus hijos a la escuela. Sacred School en la Diócesis de Knoxville, Tennessee, hizo todo lo necesario para que en las instalaciones de la escuela se enseñaran programas de ESL, hecho que atrajo a muchas personas a la escuela. Poco después, la dirección de la escuela reportó un crecimiento en las inscripciones. En la Arquidiócesis de Chicago, Cristo Rey Jesuit High School facilita frecuentemente su edificio escolar a las organizaciones comunitarias de tal forma que se celebra un evento o reunión en la escuela casi todas las noches. En la Arquidiócesis de St. Paul and Minneapolis, Cristo Rey Jesuit High School comparte el espacio físico con el Centro de Liderazgo Juvenil Colin Powell (Colin Powell Youth Leadership Center) en unas instalaciones diseñadas específicamente para funcionar dualmente, como escuela y como centro comunitario. Como resultado, las instalaciones sirven a 25,000 niños y padres del vecindario además de los estudiantes inscritos en la escuela. Cuando las escuelas se convierten en partes orgánicas de la comunidad —y cuando la gente se siente cómoda estando en el edificio de forma más o menos frecuente— tienden a desaparecer las barreras que impiden la inscripción de nuevos alumnos. La escuela se convierte en un lugar menos intimidante y las percepciones equívocas en torno al costo y a la cultura pueden reemplazarse con información apropiada y con un sentido de pertenencia a la comunidad.

de ACE ofrecidos en la Universidad de Notre Dame lo están diciendo; los latinos no están siendo representados propiamente en ambos programas a pesar de los significativos esfuerzos que se han hecho para reclutar maestros y líderes que sirvan en las escuelas latinas. Deben desarrollar esfuerzos nuevos e innovadores para que las escuelas católicas tengan una mayor capacidad de formar una nueva generación de maestros y líderes, incluyendo latinos y no latinos por igual.

OPORTUNIDAD
Hay una nueva energía en muchas diócesis e instituciones de educación superior a fin de abrazar este cambio de forma efectiva.

Mientras que ACE ha servido a las escuelas hispanas durante más de una década, ha tratado de forma consistente —no siempre exitosa— de reclutar a líderes latinos y no latinos que tienen interés y motivación para trabajar en la comunidad latina. Otras universidades católicas con programas de preparación para maes-tros, similares a los que ofrece ACE, comprendiendo en estas al Consorcio de Universidades para la Educación Católica (UCCE, por sus siglas en inglés), particularmente aquellas que sirven a escuelas mayormente latinas, también han cambiado su enfoque en años recientes hacia el desarrollo de maestros y líderes latinos.

Algunos de los miembros institucionales de UCCE, acompañados por otras universidades católicas, crearon recientemente la Colaborativa Católica para la Educación Superior (CHEC, por sus siglas en inglés) mediante la cual líderes de la educación superior se han dedicado a apoyar la educación desde kínder hasta el 12º grado, buscando así una mayor colaboración en asuntos comunes. En el año 2009 Loyola Marymount University organizó la primera conferencia de CHEC, cuyo trabajo se enfocó en asuntos relacionados específicamente a la capacidad de la Iglesia para educar latinos, especialmente a los recién llegados. Mediante esta organización, investigadores establecidos en las universidades así como practicantes de todo el país compartieron ideas y recursos para mejorar los programas de preparación de líderes y maestros a fin de lograr esta meta.

A petición de muchos de los participantes de CHEC, la American Educational Research Association (Asociación para la Investigación Educativa Estadounidense) creó recientemente un grupo de interés especial dedicado a los asuntos que rodean el sistema de escuelas católicas, proveyendo sí una vía formal por medio de una institución significativamente grande a fin de hacer llegar la investigación, discusión y colaboración en torno a estos asuntos.

OBSTÁCULO
Muchas escuelas católicas contemporáneas son percibidas por miembros de la comunidad hispana como instituciones "ajenas".

Una combinación de factores que ya se han descrito contribuye a la percepción entre muchos padres de familia hispanos de que las escuelas no son parte orgánica de la comunidad parroquial. La percepción de las escuelas católicas como algo reservado sólo para la élite, la percepción de que las escuelas católicas son financieramente inalcanzables para el católico promedio, falta de latinos e hispanohablantes en el equipo do-

ejercer su apoyo pastoral a la escuela a la vez que conferían la facultad a las Juntas Locales escolares y a los profesionales de la educación que laboraban en la oficina de escuelas católicas para que fueran ellos o ellas quienes supervisaran las operaciones de la escuela. Otras formas innovadoras de gobierno incluyen Mid-Atlantic Consortium (Consorcio del Atlántico Medio) en el cual muchas diócesis de la costa este de los Estados Unidos comparten recursos e ideas, colaborando frecuentemente, así como los modelos de gobierno escolar Carver adoptados por las escuelas Lasallistas de los Hermanos Cristianos en el Distrito de San Francisco.

OBSTÁCULO
Hay cambios importantes para responder a la necesidad de maestros y líderes bien formados, especialmente a los de herencia latina.

Mientras que las escuelas católicas continúan aumentando la cantidad de alumnos que se inscriben a ellas, de manera impresionante los latinos siguen con un nivel bajísimo en el equipo docente y en funciones de liderazgo. A nivel nacional sólo el 6 por ciento de los maestros son hispanos[43] y la mayoría de las escuelas cuyos casos se estudiaron estaban dirigidas por maestros blancos no hispanos muchos de los cuales no hablaban español. Los líderes escolares de estas escuelas exitosas expresaron de manera constante su deseo de contratar más latinos a la misma vez que veían numerosos beneficios al aumentar el número de latinos en posiciones de liderazgo dentro de la escuela. Los padres y niños se identificaban más rápidamente con los miembros latinos de la facultad y los líderes escolares así como los maestros latinos efectivos echaron mano de su herencia latina compartida para dar mayor fuerza a su enseñanza.

Esto no quiere decir que los niños latinos deben ser instruidos por maestros latinos. Al contrario, la realidad presente es que el 94 por ciento de los niños latinos en las escuelas católicas recibirá la instrucción de maestros no latinos y estos maestros necesitan estar más preparados para trabajar con estudiantes que no comparten su misma herencia étnica. La mayoría de las escuelas y diócesis carecen de los programas de desarrollo profesional que lidian directamente con la cultura en el salón de clase, no obstante, en aquellos que lo tienen, resurge otra vez la constante: aumenta el número de inscripciones. Por ejemplo, en la Diócesis de Arlington, después de un estudio realizado que tuvo como enfoque la participación latina en las escuelas católicas, la diócesis implementó un programa de desarrollo profesional en dos escuelas utilizando el *Managing Diverse Classrooms*[44] [Manejando grupos escolares diversos] para preparar a maestros y así aumentar su capacidad de trabajar con alumnos cuyo grupo étnico es diferente al suyo. El programa es nuevo pero los beneficios incluyen una moral que ha crecido significativamente, ganancia educativa para los estudiantes, y una recomendación muy positiva de persona a persona en la comunidad latina.

Las universidades necesitan aumentar sus esfuerzos para reclutar a posibles maestros y líderes en sus programas de preparación para maestros. La experiencia de la Alianza para la Educación Católica (ACE, por sus siglas en inglés) así como los programas de liderazgo

en las áreas urbanas contribuyen a un nuevo desafío que enfrentamos como Iglesia, hasta la fecha, sin un paralelo de comparación en la historia de la religión en los Estados Unidos, de transformar radicalmente nuestras escuelas parroquiales. Si de verdad queremos darle vuelta a la página y comenzar reabriendo y construyendo nuevas escuelas en vez de cerrarlas, debemos encontrar la manera energética de adaptarnos con imaginación y urgencia ante la situación cambiante que se presenta a sí misma.

Donde han tenido éxito los esfuerzos innovadores, han sido el resultado de los esfuerzos heroicos de personas aisladas. Muy pocas de las mejores prácticas descubiertas por el equipo de trabajo fueron el resultado de intervenciones a nivel diocesano, pues la mayoría de ellas fueron el resultado de personas emprendedoras que enfrentaban un seguro cierre de su escuela. Un punto importante a enfrentar en nuestras escuelas parroquiales es el asunto de la dirección o el gobierno de la escuela. No hay duda de que se deben imaginar nuevos modelos para la dirección de las escuelas parroquiales en muchas comunidades, por tanto, las diócesis y las parroquias necesitan información respecto a estos modelos alternativos de dirección. Algunos de estos modelos alternativos prometen incrementar la inversión de los líderes laicos en las operaciones escolares, mismas que pueden llevar a un incremento de inversión entre los latinos y otros grupos de profesionales comprometidos que prestan sus servicios en las Mesas Directivas de las escuelas y en posiciones de liderazgo parroquial.

Mientras que algunos de estos sistemas de gobierno pueden reducir las exigencias administrativas del párroco como el oficial ejecutivo en jefe de la escuela, tienden a florecer cuando celebran el liderazgo vital y espiritual del párroco y preservan la relación entre la parroquia y la escuela. Mientras que hay muchas ventajas posibles en un modelo de gobierno que reduce la dependencia de la escuela al párroco mismo, debe considerarse el papel tan importante que "el padrecito" tiene en la vida de la comunidad latina.

OPORTUNIDAD
Hay un sentido palpable de urgencia y apertura en muchas diócesis para responder a estos desafíos de una manera nueva y colaborativa.

Los obispos del país han desarrollado respuestas innovadoras para revivir las escuelas, a la misma vez que han eximido la pesada carga que la administración de la escuela puede tener en los párrocos, permitiéndoles así una mayor libertad de responder a las necesidades espirituales y pastorales de la parroquia y la escuela. En la diócesis de Bridgeport, por ejemplo, los obispos optaron por cambiar de escuelas parroquiales a escuelas diocesanas a una gran escala. Esta administración transitiva fue diseñada a fin de permitir a los párrocos

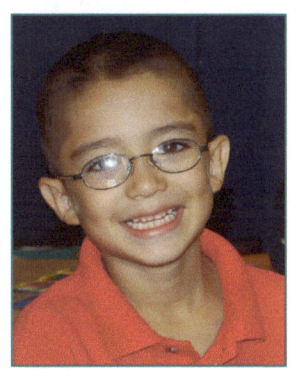

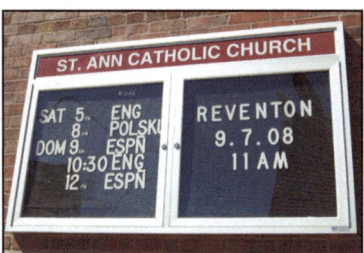

intermediaria entre los padres y la escuela, proveen traductores para las reuniones de padres y maestros, e inclusive, ofrecen clases de inglés para padres de familia en horario vespertino y fines de semana. La aceptación del español por parte del personal escolar refleja no sólo la aceptación del idioma de los estudiantes a los que sirven sino una apreciación mucho más amplia de la cultura latina, comunicando así una aceptación y apreciación de estas personas y de su cultura como legítimas y variables.

Las escuelas católicas y los sistemas: contextos institucionales

OBSTÁCULO
Los esfuerzos de la Iglesia por responder al decrecimiento de inscripciones en sus escuelas son esporádicos y aislados, además de que el criterio tradicional de "la misma talla para todos" en el paradigma del gobierno escolar ya no responde a las necesidades de muchas escuelas católicas urbanas.

Los miembros del equipo de trabajo se reunieron con muchas personas a lo largo del país que han invertido en gran medida en las escuelas católicas al servicio de las comunidades hispanas. Encontramos una gran cantidad de personas que trabajan arduamente cuya fe y buena voluntad han hecho mucho para preservar la ventaja de la escuela católica para miles de niños, entre estas personas se incluyen obispos, sacerdotes, monjas y religiosas así como laicos que han invertido una parte significativa de su propia vida derramando sudor y lágrimas a favor de las escuelas católicas. Desafortunadamente, a menudo se requiere de un enorme esfuerzo para alcanzar el éxito, y a pesar de todos los héroes y heroínas que conocimos este año, las escuelas necesitan muchos más líderes que estén dispuestos a luchar por la ventaja que ofrece la escuela católica.

Históricamente, la escuela católica parroquial se ha constituido a sí misma como un fuerte paradigma de lo que significa la educación efectiva así como un organizador increíblemente efectivo de capital social. Con mucho, las escuelas católicas han sido más ágiles e innovadoras que muchos otros sistemas, creando mejores resultados educativos con muchos menos recursos que las escuelas públicas, e incluso las academias de educación pública. Y muchos modelos de academias de educación pública, como el Knowledge Is Power Program (el programa Conocimiento Es Poder, KIPP por sus siglas en inglés) y Achievement First (Primero Éxito), han tomado muchos de los elementos tradicionales más exitosos de las escuelas católicas y los han aplicado a las escuelas públicas pequeñas para generar algunas de las escuelas públicas más innovadoras y exitosas del sistema escolar en la historia de la educación pública estadounidense.[42]

A pesar de la larga historia de la educación efectiva para las comunidades de minorías culturales, la escuela católica urbana se ha convertido en una institución que, como está constituida actualmente, no podrá perdurar en las comunidades de obreros y personas de escasos recursos si no se toman estas instituciones con nuevas actitudes. La creciente disminución de la fuerza docente religiosa de bajo costo, el crecimiento de los costos que implica el emplear una facultad laica, la falta de párrocos así como el cambio demográfico

OPORTUNIDAD
Los programas bien pensados pueden reducir la barrera del lenguaje implementando estrategias de bajo costo que inviten a la participación plena de la comunidad.

En nuestra economía cada vez más global, nuestra nación se beneficia enormemente al educar y generar una ciudadanía bilingüe, y nuestros estudiantes latinos, muchos de los cuales ya son bilingües, estarán bien formados al momento de tomar funciones de liderazgo si organizamos nuestras escuelas de tal forma que apoyen el dominio profesional de ambos idiomas, inglés y español. Mientras que la enseñanza escolar bilingüe puede estar más allá de la capacidad de muchas escuelas católicas, todas las escuelas católicas pueden ver el idioma nativo de los estudiantes como un recurso en lugar de verlo como un problema.[40] Por lo menos, los educadores católicos deben "comenzar a ver la cultura de nuestras familias —incluyendo la fe y el idioma— como un valor", de acuerdo a David Card, Presidente de la escuela católica Guadalupe, en la Arquidiócesis de Denver. Mientras que las escuelas como Escuela Guadalupe y Cristo Rey Jesuit High School en Chicago implementan un currículo en dos idiomas, otras escuelas efectivas honran también la cultura, la fe y el idioma del país de procedencia en otras maneras. La clave, según Card, es que "tratemos a nuestros niños con dignidad, indistintamente de su idioma, y que no tratemos su idioma de origen como un obstáculo que debemos superar". En otras palabras, los maestros que apoyan y respetan no restringen la adquisición del inglés; de hecho, pueden aumentar en sus estudiantes la capacidad de aprender el inglés a un nivel literario.

La encuesta principal y los casos de estudio revelaron que las escuelas más exitosas tendían a contratar empleados hispanohablantes en las oficinas principales y que los maestros de estudiantes latinos más efectivos demostraban el deseo de aprender español y de implementarlo en su salón de clase para ayudar a los estudiantes a desarrollar capacidades lingüísticas en el inglés. Este hecho es consistente con la investigación educativa lingüística y educativa misma que sugiere que los aprendices del inglés que reciben instrucciones en su idioma natal y en el idioma que buscan aprender les da una ventaja considerable en relación a aquellas personas cuyo idioma de procedencia no se considera en el salón de clases.[41]

Las barreras del idioma entre los padres y la escuela también pueden inhibir una plena participación de los padres de familia en la educación de sus hijos. Debemos reconocer que muchas escuelas han reconocido esta obstrucción potencial y han tomado los pasos necesarios para aminorar su impacto. Por ejemplo, muchas escuelas envían a casa todos los comunicados en español e inglés, tienen personal que habla español en las oficinas de ingreso, emplean a una persona hispana que sirva de

> **¿Habla español?**
>
> Consideremos a la maestra de español de 8° grado en Academy of Our Lady en Waukegan, Illinois, en la Arquidiócesis de Chicago, quien pidió a sus estudiantes que levantaran su mano si hablaban español. Ninguno lo hizo. La maestra se dio cuenta muy pronto de que muchos de sus estudiantes sí hablaban español, pero les daba vergüenza admitirlo. Como resultado de esto, su maestra "está tratando de edificar el orgullo y la sana estima, la aceptación de su idioma, su cultura y la persona que son. Es correcto levantar su mano y decir, 'hablo español'. ¿Pueden imaginar lo horrible que debe ser para estos niños llegar al punto en el que no quieren admitir quiénes son?".

personal, los padres de familia, miembros de la comunidad parroquial y los miembros de la Mesa Directiva.

Las parroquias son redes de comunicación naturales que los líderes astutos utilizan para promover la escuela y aumentar el número de inscripciones. En Holy Redeemer Catholic School en la Arquidiócesis de Portland, Oregon, el programa "madrina" formaliza la red de relaciones humanas naturales que existen dentro de la comunidad latina identificando las personas "bien conectadas", esto es, personas socialmente influyentes en la comunidad parroquial que sirven como acompañantes y patrocinadores de las nuevas familias que vienen a la escuela.

El éxito del programa madrina de la parroquia Holy Redeemer refleja otra buena lección: las escuelas que extienden su personal a las invitaciones de uno a uno entre las familias latinas tienen más éxito que aquellas que extienden una invitación en general.

Los estudios realizados en las escuelas exitosas, a menudo la persona más prominente en la comunidad escolar fue la secretaria parroquial o escolar. Las personas que trabajan en la oficina pueden desarrollar un papel central en la determinación del "rostro" que la escuela quiere proyectar a la comunidad. En St. Rose of Lima, por ejemplo, la asistente administrativa Esther Gutiérrez "tiene aproximadamente diez responsabilidades. Es la secretaria, la que se encarga de inscripciones, coordina el atletismo y también es la coordinadora de voluntarios, entre otras cosas. Ella es el corazón de la escuela, es increíble. Simplemente tiene un sentido propio de lo que los padres necesitan escuchar".

OBSTÁCULO
Los vacíos lingüísticos entre el hogar y la escuela pueden reducir la demanda.

La encuesta principal reveló que la gran mayoría de los maestros en las escuelas católicas que sirven a las comunidades latinas no son latinos y tampoco hablan español, mientras que en aquellas escuelas que se describieron a sí mismas como particularmente efectivas en el servicio a las comunidades latinas, el número de latinos e hispanohablantes en el personal era inusualmente alto. La encuesta principal concluyó que el 91 por ciento de estas escuelas que se auto describieron como escuelas efectivas atribuyeron su éxito a la presencia de latinos e hispanohablantes en su personal, además del apoyo lingüístico que esto les permitía proveer a las familias latinas. De forma similar, los resultados cualitativos de la encuesta y las visitas de campo sugirieron que las escuelas que son particularmente efectivas emplean a una persona hispanohablante para que esté en la oficina de recepción, asegurándose de que las personas que vienen por vez primera a la escuela encuentren a alguien que hable inglés y español.

"Recuerdo a nuestro primer estudiante hispano...".

"Recuerdo a nuestro primer estudiante hispano. Vino a nosotros para cursar el 8° grado, apenas aprobando sus cursos en la escuela pública. Cuando vino a nosotros, nuestra facultad lo examinó en español y se dio cuenta de que era un joven brillante. Cuando supo que un miembro de nuestra facultad se quedaría diariamente después de las clases por una hora para ayudarle a ponerse al día, se actualizó rápidamente y continuó sus estudios en Knoxville Catholic High School. Después fue la primera persona en ambos lados de su familia en asistir a la universidad. Esa es para mí una de las cosas más bonitas que hemos visto que pasan con nuestros estudiantes".
—*Rev. Al Humbrecht*
Sacred Heart Cathedral School, Knoxville, TN

central de su descripción de trabajo. En St. Rose of Lima, por ejemplo, el Padre Jerry Rohr, trabajó en equipo con los párrocos de las parroquias vecinas que no tenían escuela parroquial para reclutar estudiantes para su escuela; asimismo, involucró a los fieles de la parroquia para que elaboraran afiches que posteriormente fueron desplegados en todas las instalaciones pre escolares del área. "Tenemos personas de 25 zonas postales", anotó. "Cuando llegué aquí la inscripción era de 140 y ahora tenemos 200. Esperamos incrementar la lista a por lo menos 10 estudiantes nuevos por año".

Los padres de familia que no envían a sus hijos a las escuelas católicas sugirieron que el mercadeo —y más información— sería algo excelente. En San Antonio, una madre de familia dijo a nuestro grupo: "Las escuelas católicas [son inaccesibles] porque muchos de nosotros incluso tenemos miedo de acercarnos, tenemos miedo por lo caras que son". Ella explicó que, para la mayoría de los padres de familia de su vecindario, ni siquiera se preocupan por acercarse a la escuela por temor a darse cuenta: "cuánto les van a cobrar?". Por fin, dijo, "no hay suficiente información y la gente tiene miedo de acercarse hasta aquí y preguntar". El consejo de esta madre a los educadores católicos fue muy sencillo: "Por encima de todo, las escuelas deben proveer más información. Si hubiera posibilidades de que nuestros niños asistieran, entonces desearíamos tener más información para saber si pueden ayudarnos, para saber si hay becas disponibles". Es claro que parte de la solución es ser una comunicación más frecuente y efectiva con las familias latinas.

> **Estrategia multifacética para aumentar las inscripciones**
>
> La escuela St. Ignatius Martyr de la Diócesis de Austin, Tejas, experimentó un crecimiento del 35 por ciento en sus inscripciones a tan sólo un año después de que los líderes escolares hicieron suyas las recomendaciones de un organizador comunitario local quien les pidió que pasaran la voz promocionando la escuela. Invitaron a grupos pequeños de padres de familia a tomar café a la escuela, y condujeron reuniones informales en las que se presentó información y se compartió en estos mismos grupos pequeños; gracias a esta estrategia, las inscripciones en St. Ignatius crecieron de 183 a 252 estudiantes en sólo un año.
>
> Además de eso, St. Ignatius suspendió la distinción en la tarifa para quienes eran miembros de la parroquia y quienes no lo eran, razón que efectivamente había hecho que los párrocos de las parroquias vecinas no motivaran a sus fieles a enviar a sus hijos a St. Ignatius por miedo a que cambiaran de parroquia a fin de obtener la tarifa más económica. Como resultado de esto, los párrocos de las parroquias cercanas comenzaron a notificarle a la gente que St. Ignatius estaría inscribiendo a estudiantes nuevos después de la misa. Actualmente el cuerpo estudiantil de la escuela proviene de 15 parroquias diferentes y de 37 zonas postales distintas. Una estrategia importante de reclutamiento: hacerse amigo de las secretarias parroquiales de todas las parroquias cercanas que no tienen escuela. Cuando las familias llegan al vecindario y se inscriben a las parroquias, asegúrense de que las secretarias tengan un arsenal de información respecto a su escuela.

OPORTUNIDAD
Las parroquias latinas a menudo incluyen redes sociales muy ricas que pueden fungir como recursos valiosos para reclutar y promover las escuelas católicas.

Los líderes laicos de la comunidad parroquial también pueden ser promotores efectivos de la educación católica. Dada la creciente realidad de falta de párrocos, un número creciente de parroquias con escuela carecerán de un párroco a tiempo completo. Más aun, dado el crecimiento de la complejidad natural que implica el administrar de una parroquia y escuela contemporáneas, las parroquias no pueden depender exclusivamente de los párrocos en lo que a la promoción de sus propias escuelas católicas se refiere. Por lo tanto, la promoción del valor de la escuela debe ser una responsabilidad compartida entre el director y otros partes interesadas en la escuela, incluyendo la facultad, el

> **"El crédito es de nuestro párroco…".**
>
> "Nuestro éxito lo atribuyo en gran medida a nuestro párroco. Era muy proactivo en relación a la comunidad hispana de nuestra área y lo hizo de muchas maneras. Comenzó una misa bilingüe, después una misa en español y posteriormente hizo que la escuela fuera el sitio del programa de inglés como segundo idioma (ESL, por sus siglas en inglés) del condado y esto atrajo mucha gente que estaba aprendiendo inglés en la escuela durante las horas de la tarde y la noche. Trabajó en una gran cantidad de ministerios hispanos a nivel diocesano para identificar, encontrar y servir a la gente. En cuestión de muy poco tiempo comenzamos a tener familias en la escuela".
>
> —Sedona Prater
> *Directora,
> Sacred Heart Cathedral School,
> Knoxville, TN*

lo explicó un sacerdote encuestado como parte del estudio: "Los párrocos ya no pueden hacer todo… necesitamos profesionales" que nos ayuden a administrar las escuelas.[39] O como le dijo el monseñor Jaime Soto —Obispo de la Diócesis de Sacramento— al Equipo de Trabajo: "No podemos continuar depositando todo en la canasta del párroco".

OPORTUNIDAD
Las escuelas católicas cuyo estudiantado es altamente hispano, a menudo tienen párrocos que abrazan y apoyan la educación católica en la comunidad latina.

Cuando los párrocos entienden y abrazan la escuela como un ministerio de la parroquia y apoyan las escuelas católicas desde el ambón o en muchas ocasiones y de forma constante, cuando escriben acerca de la escuela católica en sus cartas a la comunidad o en otros comunicados, crece el nivel de conciencia respecto a la escuela parroquial en los padres de familia. Siendo así, tienen una mayor posibilidad de explorar la posibilidad de tener a sus hijos inscritos en la escuela parroquial. Además de eso, los pastores que salen de su oficina para encontrarse con sus fieles en el estacionamiento y en sus propios hogares, que enlistan el apoyo de los expertos y de personas conocidas en la comunidad, que catalizan la comunicación y que toman el tiempo para hablar acerca de la escuela en sus encuentros diarios con personas como el cajero del supermercado, los responsables de la guardería, han alcanzado un éxito notable en el crecimiento de las inscripciones.

Nos hemos dado cuenta de que cuando los párrocos se involucran auténticamente en la vida de la escuela, es más fácil que los padres latinos establezcan un vínculo entre la iglesia parroquial y la escuela parroquial y exista así una mayor posibilidad de que los padres consideren el enviar a sus hijos a la escuela gracias a la familiaridad y confianza que tienen con su párroco. Una vez dicho esto, aun los párrocos más energéticos y entusiastas pueden batallar si tienen que enfrentarse con el desafío de administrar y dirigir la operación escolar por sí solos, por lo tanto, es importante resaltar la necesidad de que los párrocos involucren a la comunidad en el liderazgo de la escuela. Los párrocos exitosos deben confiar cada vez más en los líderes laicos para que colaboren con ellos en el cumplimiento de las muchas y cada vez más crecientes exigencias que implica el administrar una escuela parroquial.

OBSTÁCULO
A menudo los párrocos y directores que sirven a las comunidades latinas no tienen el tiempo o los recursos para promover efectiva y energéticamente la importancia de su escuela.

Nuestra encuesta principal y las entrevistas realizadas con los grupos de padres de familia sugieren que las escuelas católicas no siempre reclutan activamente a las familias para que estas inscriban a sus hijos. Nuestras encuestas sugieren que los pastores y directores ni siquiera consideran que la promoción de la escuela es parte de su responsabilidad. Además, los directores tienen demasiadas responsabilidades y exceso de trabajo que simplemente no tienen la capacidad de promover sus escuelas de forma efectiva. En las escuelas que estudiamos —en todos los casos— los directores vieron el reclutamiento, promoción y mercadeo como un elemento conocida como un símbolo del catolicismo hispano y es particularmente importante para el 66 por ciento de los hispanos de origen mexicano.[37] Nuestra Señora de Guadalupe no sólo es "una manifestación muy mexicana de la Virgen María", sino que es considerada como "el fundamento de la identidad mexicana" y particularmente, como el fundamento del catolicismo mexicano.[38]

Los maestros de la escuela de St. Ann, una escuela de la Arquidiócesis de Chicago cuyo caso se estudió, explicaron la abundancia de murales de La Guadalupana, playeras, y arte que puede verse en el vecindario local. Así fue como una maestra explicó la devoción de sus estudiantes a la imagen: "Ella es *nuestra*". Otro maestro explicó que los mexicanos se sienten orgullosos ante el hecho de que María haya decidido aparecerse en México. La imagen se yergue como un indicador de la dignidad y el valor del pueblo mexicano y su fiesta, celebrada el 12 de diciembre, es uno de los días festivos más importantes del año en México y en cualquier parte de los Estados Unidos en que viven mexicanos y mexicoamericanos.

Las escuelas católicas que sirven efectivamente a las comunidades latinas hacen uso de esta imagen de la cultura católica. En la encuesta principal, los administradores describieron la importancia de integrar con todo propósito tradiciones culturales específicamente religiosas, como el honrar a Nuestra Señora de Guadalupe, tanto en el programa curricular como en el ambiente escolar. En la porción de la encuesta dedicada a las respuestas abiertas, los directores o directoras frecuentemente recomendaron que las escuelas entrelazaran identidades culturales y religiosas a fin de edificar una comunidad de respeto mutuo entre las partes interesadas. Las peculiaridades de la ambientación —manifestaciones físicas en los edificios escolares de la cultura nativa de los estudiantes, de su fe así como de su idioma— son indicadores importantes para los padres y para los niños de cómo la escuela valora su identidad específica católica y étnica.

OBSTÁCULO
La empresa de las escuelas católicas ha cambiado considerablemente durante los pasados 40 años, acrecentando cada vez más las peticiones de recursos parroquiales y requiriendo más tiempo del que el párroco dedica al liderazgo de la misma parroquia.

Los párrocos son responsables del bienestar espiritual y temporal de la parroquia así como de proveer liderazgo y supervisión de los muchos ministerios que hay en la parroquia. La escuela parroquial es, a menudo, el ministerio más grande de la parroquia que exige cada vez más del liderazgo del pastor: presupuesto escolar, atención a las instalaciones, supervisión del liderazgo de la escuela, la identidad católica, y casi cualquier otra dimensión importante de las operaciones de la escuela. El *Notre Dame Study of U.S. Pastors* [Estudio de los párrocos estadounidenses] llevado cabo por la Universidad de Notre Dame en el año 2008, que consistió en una encuesta nacional a más de 1,000 párrocos, encontró que los párrocos valorizan mucho a las escuelas católicas, pero están cada vez más preocupados por la administración de inscripciones y recursos financieros requeridos para mantenerlas abiertas, accesibles y sostenibles. Más aun, resulta claro, como

hispanos, su facultad está compuesta enteramente por no hispanos, maestros y líderes escolares que no hablan español, muchos de los cuales no son parte de la comunidad parroquial. La encuesta principal concluyó que, en promedio, solamente un 34 por ciento del personal docente de las escuelas católicas urbanas con una población estudiantil predominantemente latina son latinos. En esta misma encuesta, los directores o directoras también reportaron que el 41 por ciento de su personal docente no sabe nada de español, mientras que el resto de los maestros representa un promedio muy variable en cuanto a la capacidad de hablar español. Como resultado, las escuelas pueden no ser percibidas por los padres latinos y los fieles como una parte orgánica de la comunidad parroquial.

Además, los maestros de las escuelas católicas encuestadas manifestaron la posibilidad de no tener una capacitación formal que los preparara para adecuar su programa o estilo de enseñanza a la comunidad que están sirviendo. Mientras que la investigación sugiere que en los grupos en los cuales se considera la cultura pueden ser más efectivos y obtener mejores resultados de aprovechamiento,[36] la encuesta principal sugirió la necesidad de desarrollo profesional que pueda ayudar a los maestros a incrementar su capacidad de ser culturalmente sensibles a la vez que mantienen expectativas altas de rendimiento académico.

OPORTUNIDAD
La cultura, la religión y el ambiente escolar católico convergen de una manera decisiva, particularmente en las comunidades mexicoamericanas, en la persona de Nuestra Señora de Guadalupe.

Nuestra Señora de Guadalupe, patrona de América, es ampliamente re-

---

Invitación a la propiedad y pertenencia

Algunas personas sugieren que las antiguas parroquias euro-estadounidenses en las ciudades principales de los Estados Unidos no han sido lo suficientemente "hospitalarias" con las comunidades latinas que han tomado el lugar de los irlandeses, italianos, polacos, bohemios, alemanes y lituanos. No obstante, si consideramos cuidadosamente la historia de las escuelas católicas urbanas, veremos que la necesidad de ser "hospitalarios" posiblemente no es el paradigma correcto para servir a la comunidad latina.

Las escuelas católicas de principios del siglo XX no buscaron ser "hospitalarias" con los polacos, alemanes o lituanos. Los polacos construyeron y administraron escuelas para los polacos. Los alemanes proveyeron a las escuelas maestros de habla alemana para atender a los niños alemanes. Los lituanos trajeron cientos de religiosas lituanas que enseñaran a los niños lituanos de sus parroquias. Los padres de familia y las familias mismas conocían a las hermanas y sacerdotes que trabajaban en sus escuelas, además de que podían hablar con ellos y ellas en su propio idioma.

No obstante, en nuestro tiempo, hemos encontrado que las escuelas católicas de nuestras áreas urbanas no se construyeron por latinos para servir a los niños latinos y el equipo administrativo y docente no es hispano parlante. En lugar de ello, la investigación y la experiencia nos dice que mayormente, la administración y la docencia están a cargo de blancos graduados de la universidad que no hablan español y que a menudo no viven a unas cuantas millas de su lugar de trabajo. Al perpetuar el paradigma de la "hospitalidad" e "invitación" a los latinos en el mismo sistema de las escuelas euro-americanas, estaremos intentando guardar vino nuevo en odres viejos. En lugar de ello debemos pensar en cómo las escuelas pueden implementar cambios en el ambiente escolar de tal forma que puedan reinventarse totalmente las escuelas, transformándolas en odres nuevos para una comunidad diferente.

En otras palabras, la meta no puede ser el dar la bienvenida a los latinos en las escuelas euro estadounidenses; en lugar de ello, la meta debe ser la transformación entera de esas escuelas. La pregunta principal cuando se trata de cómo cambiar el ambiente escolar para atraer a la comunidad latina no puede ser: "¿Cómo podemos recibirlos en nuestras escuelas?". En lugar de ésta, la pregunta debe ser: "¿Qué pueden hacer las escuelas católicas existentes para atraer la inversión latina, participación y, de forma especial, un verdadero sentido de propiedad y pertenencia a las escuelas católicas?".

Necesidad de escuelas católicas

OBSTÁCULO
Las escuelas católicas en América Latina sirven a familias muy diferentes de estudiantes en relación a las que sirven en las áreas urbanas de los Estados Unidos.

Las entrevistas con los padres de familia, parrocos, directores, directoras y maestros apuntaron de forma consistente a una diferencia fundamental de paradigma entre las escuelas católicas de los Estados Unidos y las de América Latina, especialmente en México. En los Estados Unidos, el sistema de escuelas católicas se construyó casi en su totalidad por comunidades emigrantes europeas obreras y de bajos ingresos y muchas de las escuelas que se construyeron aun continúan sirviendo a familias de grupos minoritarios o de bajos ingresos. No obstante, en México y otras partes de América Latina, la mayoría de las escuelas católicas son instituciones elitistas que sirven solamente a la clase alta. Esta diferencia representa un obstáculo cultural que exige un acercamiento sistemático para educar a los residentes latinos de nuestras escuelas católicas.

OPORTUNIDAD
Los padres de familia latinos expresan constantemente su preferencia por las escuelas católicas.

Los grupos de padres de familia latinos que no tienen a sus hijos en las escuelas católicas manifestaron un interés consistente por encima de los aspectos geográficos, étnicos y socioeconómicos; de manera unánime reportaron tener una gran admiración por las escuelas católicas y casi en todos los casos preferían tener a sus hijos en una escuela católica cerca de ellos y, más importante, a un costo razonable. En los grupos de padres de familia de Atlanta, uno de ellos dijo: "Me sentiría bendecido si tuviera la oportunidad de enviar a mis hijos a una escuela católica", mientras que otro, en Nueva York, nos dijo: "Si pudiera obtener un trabajo y enviara mis hijos a la escuela católica, lo haría sin pensarlo. Y, sinceramente, trabajaría sólo para eso". Por lo tanto, si pueden disminuirse las barreras del costo económico de forma real y en su percepción, la evidencia sugiere que muchos padres de familia latinos optarían por una educación católica para sus niños.

OBSTÁCULO
Los latinos no tienen un sentido de pertenencia en las escuelas católicas.

El cambio en la composición del personal docente de las escuelas católicas es una de las diferencias más significativas entre las escuelas católicas contemporáneas y las escuelas católicas de hace un siglo. La diferencia más obvia en este campo es el cambio de docentes, de un grupo que casi hasta los años 60 estaba compuesto casi en su totalidad por religosas y sacerdotes a uno que actualmente es 96 por ciento laico. Un cambio menos obvio, más no por eso, menos importante, ocurrió respecto a la nacionalidad de los maestros. Mientras que la parroquia típica a principios del siglo XX podía tener todo su equipo de maestros conformado por sacerdotes y religiosas, lo más probable es que aquellos hombres y mujeres fueran de la misma nacionalidad —y parlantes del mismo idioma, y muy posiblemente, del mismo vecindario— de los niños a los que servían. En el año 2009, la mayoría de las escuelas católicas que sirven a los estudiantes

> *"Tenemos sueños al igual que todos los padres de familia…"*.
>
> Cuando se les preguntó por qué envían a sus hijos a Sacred Heart Catholic School en la Arquidiócesis de Washington, DC, un padre de familia, elocuentemente declaró: "Tenemos sueños al igual que todos los padres de familia. Por lo tanto, queremos lo mejor para nuestros niños. Y yo quiero que mis hijos vayan a una buena escuela y decidimos que haremos muchos sacrificios porque queremos lo mejor para nuestros hijos".

CNS Photo

OBSTÁCULOS	OPORTUNIDADES
Acceso a las escuelas católicas	
La rápida desaparición de las escuelas católicas en las áreas urbanas.	Abundan los signos de esperanza en las escuelas católicas urbanas que permanecieron abiertas.
La mayoría de las escuelas católicas están localizados en donde no vive la mayoría de los latinos.	Por lo menos existen 691,000 escritorios vacíos en las escuelas católicas.
Muchas familias de bajos ingresos no pueden enviar a sus hijos a las escuelas católicas.	El dinero no es todo.
Necesidad de escuelas católicas	
Las escuelas católicas en América Latina sirven a familias muy diferentes de estudiantes en relación a las que sirven en las áreas urbanas de los Estados Unidos.	Los padres de familia latinos expresan constantemente su preferencia por las escuelas católicas.
Los latinos no tienen un sentido de pertenencia en las escuelas católicas.	La cultura, la religión y el ambiente escolar católico convergen de una manera decisiva, particularmente en las comunidades mexicoamericanas, en la persona de Nuestra Señora de Guadalupe.
La empresa de las escuelas católicas ha cambiado considerablemente durante los pasados 40 años, acrecentando cada vez más las peticiones de recursos parroquiales y requiriendo más tiempo del que el párroco dedica al liderazgo de la misma parroquia.	Las escuelas católicas cuyo estudiantado es altamente hispano, a menudo tienen párrocos que abrazan y apoyan la educación católica en la comunidad latina.
A menudo los párrocos y directores o directoras que sirven a las comunidades latinas no tienen el tiempo o los recursos para promover efectiva y energéticamente la importancia de su escuela.	Las parroquias latinas a menudo incluyen redes sociales muy ricas que pueden fungir como recursos valiosos para reclutar y promover las escuelas católicas.
Los vacíos lingüísticos entre el hogar y la escuela pueden reducir la demanda.	Los programas bien pensados pueden reducir la barrera del lenguaje implementando estrategias de bajo costo que inviten a la participación plena de la comunidad.
Las escuelas católicas y los sistemas: contextos institucionales	
Los esfuerzos de la Iglesia por responder al decrecimiento de inscripciones en sus escuelas son esporádicos y aislados, además de que el criterio tradicional de "la misma talla para todos" en el paradigma del gobierno escolar ya no responde a las necesidades de muchas escuelas católicas urbanas.	Hay un sentido palpable de urgencia y apertura en muchas diócesis para responder a estos desafíos de una manera nueva y colaborativa.
Hay cambios importantes para responder a la necesidad de maestros y líderes bien formados, especialmente a los de herencia latina.	Hay una nueva energía en muchas diócesis e instituciones de educación superior a fin de abrazar este cambio de forma efectiva.
Muchas escuelas católicas contemporáneas son percibidas por miembros de la comunidad hispana como instituciones "ajenas".	Las escuelas católicas que operan como centros comunitarios añaden valor a las comunidades latinas.

familia obreros y de bajos ingresos se encuentran a sí mismos cada vez más incapaces de pagar los costos de enseñanza, y como resultado se inscriben menos niños en las escuelas católicas. Al mismo tiempo, las escuelas luchan para encontrar o generar ingresos que les ayuden a cubrir la diferencia entre lo que las familias pueden contribuir y el costo real de la educación, llevando a un incremento directo de la deuda escolar en muchos lugares. La evidencia sugiere que la escuela parroquial cuyo único fondo de sostenimiento económico es el costo de enseñanza constituye un modelo que con el paso del tiempo ha dejado de ser sostenible en las comunidades obreras y de bajos ingresos, y muchas de esas comunidades son cada vez más hispanas. A fin de que estas escuelas que sobrevivan deben crearse modelos alternativos de financiación.

OPORTUNIDAD
El dinero no es todo.

Cuando el Equipo de Trabajo se propuso estudiar la cuestión de la participación latina en las escuelas católicas, el primer problema en surgir fue el de las finanzas. Dado que las escuelas privadas para los niños procedentes de familias de bajos ingresos presenta un modelo económico problemático, muchos asumieron que la resolución del problema de motivar más a que los latinos se inscriban en las escuelas católicas requeriría, en todos los casos, una infusión masiva de capital financiero. No obstante, se llegó a la conclusión de que el aspecto económico no explica enteramente por qué solamente el 3 por ciento de las familias latinas envían a sus hijos a las escuelas católicas.

Modelos innovadores de financiación

Las escuelas que han servido de forma efectiva a los niños y a las familias latinas de sus comunidades han adoptado una variedad de modelos de financiación a fin de asegurar que las familias tengan acceso a la calidad de la educación que ellas proveen. Escuelas como St. Anthony en la Arquidiócesis de Milwaukee aceptan vales, mientras que las escuelas rurales de Hope en Indiantown, Diócesis de Palm Beach, Florida, y San Miguel en la Arquidiócesis de St. Paul and Minneapolis dependen completamente de eventos de recaudación de fondos y en benefactores para, virtualmente, eliminar todos los costos a la vez. Las escuelas en la red de Cristo Rey ponen a los estudiantes a trabajar mediante su programa innovador de estudio-trabajo a fin de sufragar los costos mientras que St. Ann y Mt. Carmel-Holy Rosary, ambas en East Harlem, en la Arquidiócesis de Nueva York, dependen totalmente de Juntas Escolares para ayudarles a financiar sus proyectos. Muchas escuelas aprovechan los fondos destinados a la enseñanza, provistos por un consorcio de parroquias, la administración diocesana de fondos o fundaciones independientes para las escuelas católicas. Aun así, hay otras escuelas que han dependido del trabajo de los directores de desarrollo o juntas de desarrollo llenas de empresarios y líderes latinos jóvenes que comparten su pericia en el mundo de los negocios junto con su experiencia personal en la educación católica. Sin importar el mecanismo específico, las escuelas católicas efectivas buscan formas innovadoras para hacer que la excelencia de la educación católica que ofrecen sea accesible a todos los estudiantes.

Los análisis económicos y demográficos indican que, mientras que el costo que implica la asistencia a la escuela católica es prohibitivo para algunas familias latinas, el ingreso financiero parece contar solamente por casi un tercio de la discrepancia entre el número de latinos que envían sus hijos a las escuelas privadas y el número de blancos no hispanos que envían a sus hijos a la escuela privada. Por lo tanto, debe haber más factores además del aspecto financiero —cultural, educativo, demográfico o ambiental— que tienen un efecto directo en el bajo número de latinos en las escuelas católicas. Por lo tanto, debe haber oportunidades para atraer más latinos a las escuelas católicas que no dependan enteramente del capital o encontrar modelos financieros alternativos.

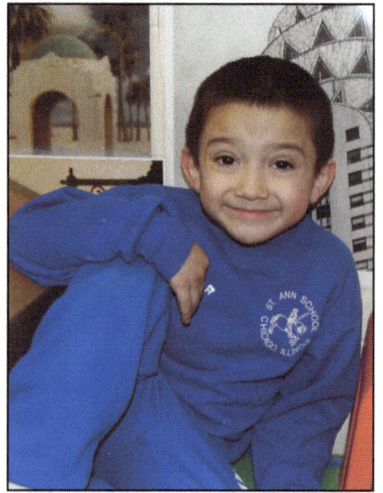

OBSTÁCULO
La mayoría de las escuelas católicas están localizados en donde no vive la mayoría de los latinos.

La gran mayoría de las escuelas católicas están localizadas en las regiones del Medio Oeste y el Noroeste de los Estados Unidos, realidad que no debe sorprendernos. Las escuelas católicas fueron establecidas en su gran mayoría por los emigrantes europeos que emigraron a ciudades como Boston, Nueva York y Filadelfia. De cualquier manera, casi el 80 por ciento de los latinos viven en las regiones del Sur y el Oeste de los Estados Unidos, realidad que tampoco debe sorprendernos. Lo que sí sorprende es el promedio de estudiantes latinos con que cuentan las escuelas católicas de estas áreas. A nivel nacional existen más de cuatro niños latinos por cada escritorio que hay en las escuelas católicas. En el noroeste hay dos niños latinos por cada escritorio, no obstante, en la región del oeste hay más de 13 niños latinos por cada escritorio que hay en una escuela católica.

OPORTUNIDAD
Por lo menos existen 691,000 escritorios vacíos en las escuelas católicas.

A pesar del gran número de escuelas que han cerrado en años recientes, las escuelas católicas siguen contando con una capacidad abundante de servir a más niños. Los 691,000 escritorios del curso escolar 2007–2008 que se estiman vacíos representan una enorme oportunidad de incrementar el número de niños que podrán disfrutar de la ventaja de la escuela católica. Más aun, a pesar de que los latinos siguen concentrados en el Suroeste, desde California hasta Tejas, áreas con un número desproporcionado de escuelas católicas, la creciente presencia de los latinos en otras áreas del país sugiere una oportunidad para que tengan acceso a las escuelas católicas en muchas comunidades del Noroeste, Medio Oeste y del Sur.

OBSTÁCULO
Muchas familias de bajos ingresos no pueden enviar a sus hijos a las escuelas católicas.

Durante el curso escolar 2008–2009 el costo promedio para un niño de escuela primaria fue de $3,200 y cerca de $8,200 para secundaria, cuando el costo de educación es de $5,900 y $10,200, respectivamente. Más del 93 por ciento de las escuelas primarias católicas reciben algún tipo de ayuda relacionado a la enseñanza, pero para muchas familias latinas, la diferencia es bastante grande entre lo que la escuela cobra por la enseñanza —aun con ayuda financiera— y lo que la familia puede pagar. Una madre de familia en Chicago explicó que a sus hijos se les ofrecieron becas, pero "me di cuenta de que lo que ganaba con mi trabajo no era suficiente para pagar la renta y la enseñanza (cuya cuota había sido rebajada), así que renuncié a las becas para que las aprovechara otra familia que pudiera pagar". El costo, en cada uno de los grupos de padres de familia, surgió con el factor número uno por el cual los padres de familia no envían a sus hijos a las escuelas católicas.

De hecho, los casos de escuelas exitosas que se estudiaron revelaron que el costo será el desafío número uno para la comunidad escolar aun entre padres que tienen niños en las escuelas católicas. Así pues, a medida que se incrementa el costo de la enseñanza a fin de sacar para costear los costos de la educación, los padres de

---

Reconociendo nuestra capacidad

No necesitamos ir muy lejos para encontrar los estudiantes católicos que quieren llenar los escritorios vacíos en nuestras escuelas católicas. Muchos de estos estudiantes ya pertenecen a la parroquia que apoya a una escuela católica. Un director de una escuela católica en Tennessee nos dijo que si todos los niños de su parroquia se inscribieran en la escuela católica: "Probablemente nuestro edificio no podría con ellos". Estas palabras nos desafían a pensar creativamente respecto a la accesibilidad de la educación católica para los niños y familias de nuestras parroquias y comunidades, particularmente aquellas que pueden beneficiarse más de una educación católica.

Conclusiones: obstáculos y oportunidades

Acceso a las escuelas católicas

OBSTÁCULO
La rápida desaparición de las escuelas católicas en las áreas urbanas.

Como se hizo notar anteriormente, a partir del año 2000 casi una de cada cinco escuelas católicas ha cerrado sus puertas y las que se han visto más afectadas por esta realidad han sido las que se encuentran localizadas en las áreas urbanas más grandes. Las inscripciones en esas escuelas primarias que han permanecido abiertas han caído cerca de un 30 por ciento durante este lapso, como resultado, hay cada vez menos y menos niños ocupando los escritorios, en consecuencia, hay cada vez menos y menos escuelas. Las más frágiles son las escuelas primarias parroquiales localizadas en los vecindarios en los que habita un número cada vez más creciente de comunidades hispanas, por lo tanto, las oportunidades de que los niños hispanos disfruten de la "ventaja de la escuela católica" se están desvaneciendo rápidamente.

OPORTUNIDAD
Abundan los signos de esperanza en las escuelas católicas urbanas que permanecieron abiertas.

Casi todas las áreas metropolitanas más grandes de los Estados Unidos tienen una historia exitosa como la de St. Rose of Lima. En más de 50 ciudades, las redes de escuelas Cristo Rey y NativityMiguel están demostrando que los modelos únicos de financiación pueden hacer posible que las escuelas católicas provean oportunidades excelentes de educación en las comunidades de bajos ingresos.

Parroquias como St. Anthony en la Arquidiócesis de Milwaukee y St. John Vianney en la Diócesis de Phoenix demuestran que es posible cuando los fondos públicos o cuasi-públicos están disponibles mediante créditos fiscales a los contribuyentes o programas de vales que apoyan a los padres que deciden tomar ventaja de las oportunidades educativas disponibles para los niños en las escuelas católicas. Las escuelas parroquiales como St. Ann y Mt. Carmel–Holy Rosary en la Arquidiócesis de Nueva York prueban que las sociedades innovadores y los esfuerzos dedicados al desarrollo hacen financieramente viable el contar con ofertas programáticas realmente únicas, así como una formación católica que resulta atractiva para las familias de bajos ingresos.

Redes efectivas

Entre los esfuerzos recientes más notables por fortalecer la educación católica en las comunidades hispanas urbanas destacan las redes escolares de Cristo Rey y NativityMiguel. Las escuelas Cristo Rey se han extendido siguiendo el mo-delo de Cristo Rey Jesuit High School localizada el el barrio de Pilsen, en Chicago, en la cual cuatro estudiantes comparten una capacitación corporativa en la que cada uno de los estudiantes trabaja un día de la semana. Los socios corporativos pagan salarios directamente a las escuelas, colaborando de esta manera a que Cristo Rey mantenga los costos de enseñanza a un precio razonable. Las escuelas NativityMiguel son escuelas secundarias de bajo costo que ofrecen un día extendido y un año escolar extendido diseñado para ayudar a los estudiantes que se han quedado atrás en el rendimiento escolar se actualicen y alcancen el nivel académico que los separa de quienes han terminado satisfactoriamente. Estas redes se han extendido rápidamente. A la fecha hay 24 escuelas Cristo Rey sirviendo a más de 5,000 estudiantes, 55 por ciento de los cuales son hispanos; asi mismo, existen 64 escuelas NativityMiguel sirviendo a 4,400 estudiantes, 39 por ciento de los cuales son hispanos. De igual forma, estas redes han demostrado un éxito impresionante: 99 por ciento de los graduados de Cristo Rey fueron aceptados en el Colegio,[34] mientras que el 90 por ciento de los alumnos egresados de NativityMiguel se graduaron de preparatoria en 4 años y 75 por ciento se inscribieron en el Colegio.[35]

un "eje" para un ofrecimiento más amplio de servicios sociales. Las escuelas exitosas reconocieron que las necesidades educativas de sus estudiantes son inseparables de las necesidades sociales de sus familias y que funcionan como conductos comunitarios de recursos y servicios sociales.

- Los modelos innovadores de financiación son vitales para asegurar que las familias tengan acceso a la educación de calidad provista por estas escuelas. Recaudación de fondos constante, desarrollo, fondos para la enseñanza provistos por un consorcio de parroquias, administración diocesana de fondos o fundaciones de escuelas católicas independientes y, en ciertas regiones, las opciones de financiación pública están entre las muchas estrategias implementadas por las escuelas exitosas.
- Las escuelas pueden crear formas innovadoras para generar acceso por medio del lenguaje. Sin excepción alguna, cada escuela reconoció que la barrera entre los padres y la escuela también puede inhibir la participación plena de los padres en la educación de sus hijos. Estas escuelas implementaron servicios innovadores y políticas que aseguraron que la comunicación entre la escuela y los padres de familia estuviera disponible en inglés y español.
- El forjar un sentido de comunidad es sumamente crítico. Las escuelas efectivas capitalizan las relaciones sociales y redes de comunicación establecidas en las comunidades latinas a las que sirven involucrando a los inversionistas en la misión de la escuela. Estos esfuerzos facilitan vínculos comunitarios sólidos que mucha gente describe como "familia".
- Los días extendidos después del horario de clases y programas para niños preescolares permiten a las escuelas proveer oportunidades adicionales de educación para sus estudiantes y opciones seguras y alcanzables para los padres de familia que trabajan. Estas escuelas ofrecieron servicios extendidos que incluyen el cuidado tradicional de niños al enriquecimiento académico.

Mediante estos cinco modelos de investigación, el Equipo de Trabajo ha buscado una solución última que lleve a iluminar las preguntas esenciales en torno a la situación de los latinos en las escuelas católicas. Mediante este proceso, el Equipo de Trabajo ha identificado obstáculos importantes, con sus oportunidades correspondientes, que necesitan tomarse en cuenta si queremos lograr nuestra meta de inscribir y mantener un millón de niños hispanos en las escuelas católicas para el año 2020.

nidades hispanas. Las respuestas fueron ampliamente expresadas, desde: "Somos una escuela que habla inglés y español", "Se le permite a los estudiantes que hablen español", "El español se utiliza como andamio de la enseñanza" hasta "Usamos español lo más que se puede".
- Las escuelas cuya mayoría de estudiantes son latinos **emplean más maestros latinos que otras escuelas**. En la mayoría de las escuelas latinas, el 44 por ciento de los maestros fueron latinos, comparado con menos del 20 por ciento en todas las escuelas y 12 por ciento en escuelas donde el estudiantado latino es menor al 50 por ciento.

Entrevistas principales

El subcomité de comunicaciones y mercadeo condujo entrevistas de campo visitando las escuelas y entrevistando a docenas de líderes escolares en cuatro diferentes diócesis a lo largo de todo el país: la Arquidiócesis de Nueva York, la Diócesis de Fort Wayne–South Bend, la Arquidiócesis de Chicago y la Diócesis de El Paso. Los directores o directoras entrevistados dirigían tanto escuelas elementales como secundarias y preparatorias que estaban en proximidad significativa con la población latina que a la vez tenían variedad de grados en cuanto a la efectividad de su vinculación y compromiso con la población latina, medida bajo el lente de las inscripciones. Entre las conclusiones principales están:
- Muchos **pastores y directores o directoras carecen del conocimiento y la capacidad técnica para promover efectivamente** sus escuelas.
- Los **esfuerzos de mercadeo tienden a ser ad hoc y son muy modestos** en su implementación, reflejando mayormente restricciones de capacidad en el personal.
- **Menos de la mitad de las escuelas tenían algo de materiales bilingües** y pocas escuelas reportaron el uso de materiales bilingües en todos sus comunicados.
- **Menos de un tercio de las escuelas reportaron el uso del mercadeo directo y técnicas de reclutamiento**, tales como conversaciones personales, anuncios durante la misa, invitaciones a visitar la escuela, reunión con los padres en torno a los eventos y la promoción mediática de las escuelas.

Casos de estudio

El subcomité de las mejores prácticas escolares condujo visitas a docenas de escuelas católicas que están sirviendo a las comunidades latinas a lo largo del país. Los miembros del equipo de trabajo se reunieron con inversionistas importantes en la comunidad escolar a fin de entender mejor la forma en que la escuela responde y sirve exitosamente a los niños latinos y a sus familias dentro de su comunidad. Entre las conclusiones principales están:
- **Un liderazgo fuerte y estable por parte del director o la directora es esencial** en todos los contextos escolares; de igual forma, el apoyo del párroco es extremadamente positivo en el contexto parroquial. Los líderes efectivos mantuvieron altas expectativas tanto para sus estudiantes como para su facultad, articulando, además, la visión de una manera clara y comunicable en su misión.
- **Las escuelas pueden servir como**

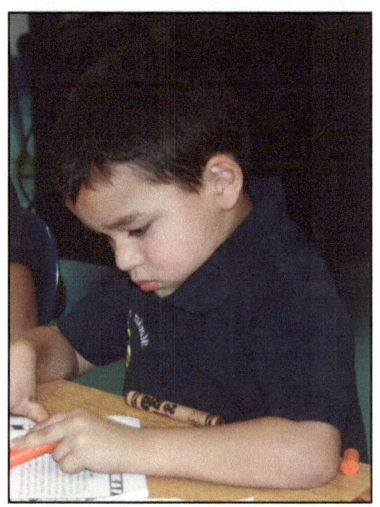

- **El costo económico** fue la primera y la más común de las razones que los padres citaron por la cual no enviaron a sus hijos a escuelas católicas.
- **A menudo los padres experimentaron dificultad para encontrar información** acerca de las escuelas católicas.
- Las escuelas podrían resultar más atractivas hasta el punto de que podrían ayudar **a responder a asuntos vitales de las familias que trabajan, tales como transportación y cuidado de niños**.
- **Las barreras lingüísticas son reales**; los padres expresaron su deseo de que hubiera personas de contacto que hablaran español en la escuela para que ellas les proveyeran de información y asesoría.

Encuestas principales

El subcomité de ambiente escolar distribuyó y analizó una encuesta realizada en línea con directores y directoras de escuelas católicas. La encuesta fue distribuida a más de 40 diócesis y arquidiócesis que cuentan con una población latina numerosa, incluyendo la participación de más de 200 directores o directoras a lo largo del país. En más de la mitad de las escuelas encuestadas la mayoría de la población estudiantil era de origen latino. El subcomité de ambiente escolar concentró su investigación en cuatro dimensiones particulares del ambiente escolar: pedagogía, ambientación física, idioma y comunidad escolar. Entre las conclusiones principales están:

- Los directores o directoras de escuelas exitosas que están sirviendo a las comunidades latinas acreditaron su éxito a **la transformación de la cultura escolar en respuesta a la cultura de la población a la que sirve la escuela**, implementando aportes y enfoques culturalmente integrados a la enseñanza de un programa escolar rigoroso, además de proveer y promover el apoyo económico a las familias.
- La mayoría de los directores o directoras de las escuelas católicas **necesitan ayuda en la preparación de los maestros a fin de que integren la cultura en su enseñanza de una forma efectiva**. Mientras que la mayoría de los directores o directoras reportaron que los maestros consideran la cultura al planear sus clases y enseñanza, reportaron que esto se hace de formas muy limitadas. Algunos ejemplos incluyen el añadir textos de algunos autores hispanos, integrando himnos religiosos de origen hispano en la misa o, como un director compartió: "Intentamos recordar fiestas y días festivos".
- En escuelas que han sido efectivas en el reclutamiento de familias latinas, **los mecanismos existentes de la parroquia —la misa, el boletín y las redes sociales— proveen las herramientas principales para la promoción de la escuela**. Casi la mitad de las escuelas mayormente latinas que encuestamos reportaron un reclutamiento activo de las familias latinas. De esas mismas que se identificaron a sí mismas como exitosas en el reclutamiento de latinos, un tercio reportó que el reclutamiento se realiza en español, mientras que otro tercio reportó el reclutar activamente después de las misas parroquiales.
- **No hubo un modelo común en cuanto al uso del español en las escuelas católicas que sirven a las comu**

Resumen de las conclusiones del equipo de trabajo

A fin de entender mejor la naturaleza de la participación hispana en las escuelas católicas, el Equipo de Trabajo se enfocó en cinco esfuerzos de investigación: análisis demográfico, grupos de padres de familia, encuestas principales, entrevistas principales y casos de estudio de escuelas exitosas.

Análisis demográfico

Primero, el subcomité de investigación utilizó la información y estadísticas nacionales ofrecidas por el censo para conducir así un extenso análisis demográfico y de tendencias en las áreas urbanas fuertemente hispanas con la meta de estimar la capacidad de las escuelas católicas en esas áreas y determinar los factores económicos que motivan la decisión para escoger escuela. Entre las conclusiones principales están:

- Para el año escolar 2007–2008 había **más de 691,000 escritorios vacíos en las escuelas católicas existentes** y el 36 por ciento de esos escritorios estaba en 13 estados donde la población latina, o era la mayoría de la población o la población con un crecimiento más rápido durante los últimos 10 años.
- Las **diócesis con el índice más alto de escritorios vacíos están localizadas en torno a las áreas metropolitanas en las que reside un gran número de latinos.** Las áreas metropolitanas de Chicago, Los Ángeles, Nueva York y Filadelfia no sólo tienen el número más alto de escritorios vacíos sino que también son grandes centros de destino para los emigrantes latinos procedentes de México, Centroamérica y el Caribe.
- El **número de hispanos registrados en las escuelas católicas ha permanecido estancado durante los últimos 15 años** a pesar del crecimiento grande de la población hispana en estos lugares. En otras palabras, el porcentaje de los latinos en edad escolar ha declinado en las escuelas católicas.

Grupos de padres de familia

El subcomité de investigación también coordinó y analizó los resultados generados de los grupos de padres de familia latinos que están adscritos a las parroquias pero que no envían a sus hijos a las escuelas católicas con el fin de entender mejor las motivaciones de estos padres en lo referido a la elección de la escuela para sus hijos. Este estudio con grupos de padres de familia latinos se condujo en Atlanta, Chicago, Los Ángeles, Nueva York, Phoenix, San Antonio y South Bend. Entre las conclusiones principales están:

- Hubo **áreas considerables de consenso que emergieron independientemente de las diferencias** naturales de los participantes: geográficas, étnicas, estado socioeconómico o tiempo generacional en los Estados Unidos.
- Los **padres expresaron de manera uniforme admiración y afecto** por las escuelas católicas. A menudo indicaron que "se sentían más cómodos" ante el hecho de que sus hijos asistieran a una escuela católica.

paratoria se rezagan 17 por ciento detrás de sus equivalentes blancos.[32]

Para el año 2020 la Oficina Federal del Censo proyecta que 1.2 millones de niños latinos ingresarán al kínder. Si se mantiene el estatus quo, 720,000 de estos niños no se graduarán de la preparatoria. Estos jóvenes ávidos de aprendizaje merecen entrar a escuelas que les provean un ambiente riguroso y alentador que les ayude a mejorar su ser académico, social y espiritualmente.

La Oficina Federal del Censo proyecta que la población latina en los Estados Unidos continuará creciendo rápidamente, alcanzando un total de 66.4 millones para el año 2020, es decir, un crecimiento de 86 por ciento en relación al año 2000.[33] A medida que continúa el crecimiento de la población latina, es imperativo que crezcan las oportunidades de acceso a una educación de alta calidad, no que decrezcan. Actualmente las familias latinas, particularmente las familias de bajos ingresos, no cuentan con el acceso suficiente a las oportunidades de educación de alta calidad que pueden reducir la brecha del vacío existente en el rendimiento académico y preparar estudiantes latinos para la educación superior, mientras que las escuelas han probado la reducción de esa brecha de rendimiento académico, las escuelas católicas lo están cerrando en índices acelerados.

Durante décadas los estudios realizados han manifestado de forma constante que las escuelas católicas educan a los jóvenes excepcionalmente bien para el bien común. Hay una evidencia abrumadora respecto al hecho de los estudiantes de bajos ingresos y de grupos minoritarios, se benefician de la escuela católica más que cualquier otro grupo —en logros académicos, compromiso cívico y en el desarrollo del carácter—. En muchas de las comunidades de nuestra nación, las escuelas católicas han sido durante mucho tiempo "tesoros nacionales", es decir, instituciones que han formado ciudadanos y líderes productivos.

A medida que continúa el crecimiento de la población latina, es imperativo que crezcan las oportunidades de acceso a una educación de alta calidad, no que decrezcan.

por ciento de la primera generación[22] de latinos en los Estados Unidos hable ambos idiomas, inglés y español, es notabilísimo que el 90 por ciento de la segunda generación, 43 por ciento de la tercera generación y 30 por ciento de la cuarta generación de latinos haya mantenido la lengua materna de la familia. De cualquier manera, esto no significa que los latinos no estén aprendiendo inglés; las investigaciones sugieren que para los jóvenes de la comunidad latina, la norma es el verdadero bilingüismo —y no el monolingüismo del español— mientras que el 85 por ciento de los niños que hablan español en el hogar también hablan inglés bien o muy bien.[23]

Las grandes áreas urbanas se han constituido en densas áreas de residencia para los estudiantes latinos. Muchos de ellos viven en vecindarios étnicamente segregados, donde los estudiantes "son agrupados en escuelas altamente pobres y de bajos recursos que frecuentemente no han reunido las expectativas de los residentes".[24] De manera particular los estudiantes latinos se encuentran a sí mismos en escuelas fuertemente segregadas que "tienden a ser las menos financiadas, con pocos cursos avanzados y los cursos con el nivel más bajo de técnica".[25]

La investigación subraya la falla de estas escuelas urbanas para los latinos, ambos aquellos cuyas familias emigraron recientemente y aquellos cuyas familias han vivido en los Estados Unidos durante muchas generaciones. En el año 2003 sólo el 53 por ciento de los estudiantes hispanos se graduaron de preparatoria mediante el proceso regular, a un índice de 25 puntos debajo de los blancos no hispanos.[26] Y, mientras que los índices de asistencia a la universidad habían crecido en los estudiantes afroamericanos y blancos durante las décadas pasadas, los índices latinos no habían mejorado,[27] asimismo, los latinos completaron sus créditos de preparatoria a menos de un tercio del índice de los estudiantes blancos no latinos.[28] Basados en los índices de los que terminan la preparatoria, en los programas curriculares ofrecidos y los récords de alfabetismo, los investigadores determinaron que sólo el 16 por ciento de los estudiantes hispanos están considerados como listos para ingresar a la universidad.[29] En el año 2006, 25 por ciento de los jóvenes latinos de 18 a 24 años de edad se inscribieron en la universidad, comparado con el 32 por ciento de los afroamericanos y 44 por ciento de los blancos no latinos.[30] Posiblemente más preocupantes aun sean las conclusiones que sugieren que "el progreso educativo de los mexicoamericanos no se mejora con el paso de las generaciones";[31] la brecha del rendimiento académico es evidente aun en la cuarta generación de mexicoamericanos, por ejemplo, cuyos niveles de graduación de pre-

> **Latinos prominentes graduados de escuelas católicas**
>
> La ventaja de la escuela católica puede ser benéfica especialmente para la comunidad latina. Los estudios realizados indican que las ventajas que tiene el estudiar en una escuela católica son significativamente mayores para los hispanos que para los blancos no hispanos. Sólo necesitamos ver a la hispana que recientemente se ha convertido en la mujer hispana estadounidense de mayor perfil en los Estados Unidos, la Juez de la Suprema Corte de Justicia, Sonia Sotomayor, graduada de Blessed Sacrament School y Cardinal Spellman High School en El Bronx. Otros latinos prominentes que han asistido a las escuelas católicas son el Obispo de Sacramento, Reverendísimo Jaime Soto, el Obispo auxiliar de San Antonio, Reverendísimo Oscar Cantú, el Secretario del Interior Ken Salazar, la Ex Subsecretaria de Educación Sara Martínez Tucker, el Alcalde de Miami Manny Díaz, el Ex Secretario de Vivienda y Desarrollo Urbano Henry Cisneros, el Alcalde de Los Ángeles Antonio Villaraigosa, el antiguo CEO de Coca-Cola Roberto Goizueta, el ganador de la medalla presidencial de la libertad Dr. Pedro José Greer, Jr., y autores como Richard Rodríguez, Sandra Cisneros y John Philip Santos.

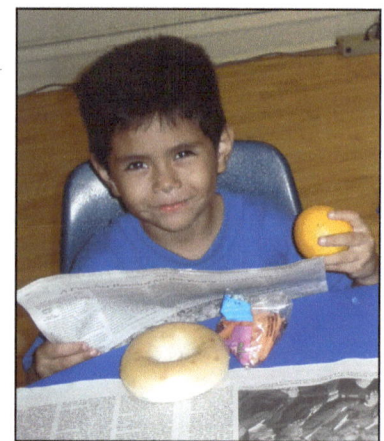

Nuestra comunidad latina

A pesar de que la población latina ha crecido rápidamente desde principios de la década de los 70, es importante tener en mente que muchas personas de las que ahora se identifican como hispanos/latinos han vivido en los Estados Unidos desde el tiempo en que los europeos llegaron a América, aunque hubo mayor concentración en el Suroeste y más recientemente en los centros urbanos. Para el año 2000 los latinos se habían convertido en el grupo minoritario más grande en los Estados Unidos.[19] El porcentaje de los estudiantes latinos en las escuelas estadounidenses había crecido más del triple a partir de 1972, contándose casi uno en cada cinco estudiantes para el año 2003. En los dos distritos escolares más grandes de los Estados Unidos, Los Ángeles y Nueva York, los latinos conforman la mayoría de los estudiantes.[20] El influjo de los estudiantes latinos ha contribuido a elevar el número de estudiantes que hablan otro idioma distinto al inglés en sus hogares, realidad que se había elevando a un 21 por ciento en el año 2007 en todos los estudiantes de las escuelas públicas.[21]

La emigración reciente procedente de América Latina tiene mucho que ver en el crecimiento de esta diversidad. Y, mientras que los grupos previas de emigrantes europeos tendieron a asimilarse cultural y lingüísticamente en una generación o dos, los emigrantes contemporáneos descendientes de latinos mantienen sus vínculos culturales y lingüísticos con mayor persistencia. Por ejemplo, mientras que no se espera que el 95

El porcentaje de los estudiantes latinos en las escuelas estadounidenses había crecido más del triple a partir de 1972, contándose casi uno en cada cinco estudiantes para el año 2003.

Equipo de Trabajo de la Universidad de Notre Dame respecto a la participación de los niños y familias latinas en la educación católica desde kínder hasta el 12° grado

Jennifer Beltramo, Principal, Mother of Sorrows School, Archdiocese of Los Angeles
The Most Rev. Oscar Cantú, Auxiliary Bishop, Archdiocese of San Antonio
Gilberto Cárdenas, Director, Institute for Latino Studies, University of Notre Dame
Arturo Chávez, President, Mexican American Catholic College
Sunny Chico, President, SPC Consulting, LLC, Chicago, Illinois
Ryan Clark, Faculty of Supervision and Instruction, Alliance for Catholic Education
Anthony J. Colón, President, A.J. Colon Consulting, LLC, Columbia, Maryland
Rev. Joseph V. Corpora, CSC, Director, University-School Partnerships, University of Notre Dame
Rosemary Croghan, Founding Chair, Cristo Rey Jesuit High School, Chicago, Illinois
The Honorable Ted Cruz, Former Solicitor General of Texas
TJ D'Agostino, Special Projects Coordinator, Institute for Educational Initiatives, University of Notre Dame
Christian Dallavis, Director, Notre Dame ACE Academies, Alliance for Catholic Education
Richard Daniel, Assistant Vice President for Alumni and Constituent Relations, University of Texas at El Paso
Rev. Allan Figueroa Deck, SJ, Exec. Director, Secretariat of Cultural Diversity, United States Conference of Catholic Bishops
Rev. Virgilio P. Elizondo, Professor of Pastoral & Hispanic Theology; Fellow, Institute for Latino Studies and Kellogg Institute, University of Notre Dame
Rev. Mike Enright, Pastor, Immaculate Conception Parish, Archdiocese of Chicago
William Evans, Keough-Hesburgh Professor of Economics, University of Notre Dame
Celestino Fernández, Professor of Sociology, University of Arizona
Geno Fernández, Partner, McKinsey & Company, Los Angeles, California
Daniel Ferris, Assistant Superintendent of Catholic Schools, Diocese of Arlington
James F. Flaherty, Chairman and CEO, HCP, Inc., Long Beach, California
Margarita Flores, Senior Director of Community Relations, Anheuser-Busch Cos., Inc., St. Louis, Missouri
Theresa Fragoso, Director of Programs, Catholic Education Foundation, Los Angeles, California
Juliet V. García, President, University of Texas at Brownsville
Joseph Gelchion, Assistant Vice President for Development, University of Notre Dame
Maria Guarracino, Former Assistant to the Cardinal for Women, Archdiocese of New York
Juan Carlos Guzman, Post-Doctoral Scholar, Institute for Latino Studies, University of Notre Dame
Megan Hernández, Educator, Pasadena, California
Anthony Holter, Faculty, Mary Ann Remick Leadership Program, Alliance for Catholic Education
Joyce Johnstone, Ryan Senior Director of ACE Program Development, Alliance for Catholic Education
Packy Lyden, Program Director, Advancing Opportunities Initiatives, Institute for Educational Initiatives, University of Notre Dame
Rev. Jose Magana, Pastor, St. Anthony Parish, Archdiocese of Los Angeles
Kathleen Mahoney, President, Porticus North America Foundation, New York, New York
Shane P. Martin, Dean, School of Education, Loyola Marymount University
Sr. Barbara Monsegur, CFMM, Principal, Lourdes Catholic High School, Diocese of Tucson
Rachel Moreno, Faculty of Supervision and Instruction, Alliance for Catholic Education
Sr. Judith Murphy, OSB, Director, Board Development, Office of Catholic Schools, Archdiocese of Chicago
Rev. Ronald J. Nuzzi, Senior Director, Mary Ann Remick Leadership Program, Alliance for Catholic Education
Stephanie Pries, Director of Investment Legal Affairs, University of Notre Dame
Thomas K. Reis, Program Director in Philanthropy and Volunteerism, W.K. Kellogg Foundation, Battle Creek, Michigan
Karen Ristau, President, National Catholic Education Association, Washington, D.C.
Raul Romero, President and CEO, Alliance Consulting Group, Washington, D.C.
Sr. Rosann Ruíz, FMA, Principal, St. John Bosco School, San Antonio, Texas
John Schoenig, Former Director of Development, Alliance for School Choice; Law Student, University of Notre Dame
Rev. Timothy R. Scully, CSC, Director, Institute for Educational Initiatives; Professor of Political Science, University of Notre Dame
The Most Rev. Jaime Soto, Bishop, Diocese of Sacramento
Leisa Speer-Schultz, Superintendent of Catholic Schools, Archdiocese of Louisville
John Staud, Coordinator of Pastoral Formation and Administration, Alliance for Catholic Education
The Honorable Sara Martinez Tucker, Former Under Secretary of Education, U.S. Department of Education
Joel E. Urbany, Professor of Marketing, Mendoza College of Business, University of Notre Dame
Joe Walsh, Consultant, Buck Family Foundation, Chicago, Illinois
Rev. Richard V. Warner, CSC, Director of Campus Ministry, University of Notre Dame

Sara Martinez Tucker
Former Under Secretary of Education
U.S. Department of Education

"El haber comenzado mi educación en una escuela católica cambió la trayectoria de mi vida. Quiero que todos los niños y niñas hispanas tengan esa oportunidad".

Anthony Colón
President
Hispanic Council for Reform and Educational Options

"Creo que una educación católica es una opción viable para nuestra comunidad".

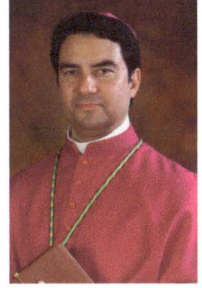

The Most Rev. Oscar Cantú
Auxiliary Bishop of the Archdiocese of San Antonio

"Las escuelas católicas ayudan a asegurar un futuro brillante para sus estudiantes, al mismo tiempo que las familias latinas pueden contribuir a asegurar la continuidad de la misión de las escuelas católicas".

compartido sus conclusiones con este equipo de trabajo. Confiamos plenamente que la publicación de este reporte generará muchos más esfuerzos de parte de las instituciones católicas y de las personas que observan nuestro trabajo, asimismo, tenemos una doble esperanza: que ese reporte suscite una conversación continua a nivel nacional y que esta misma sostenga la acción en las comunidades católicas a lo largo de los Estados Unidos.

Mientras que esperamos que este reporte provea una ruta significativa para logar la meta de inscribir 1 millón de niños latinos en las escuelas católicas para el año 2020, también reconocemos que la publicación de este reporte representa sólo el primer paso en lo que será una larga jornada. Algunos pueden preguntar: "¿Qué puede hacer una escuela en el norte de Indiana que se autonombra la casa del 'Fighting Irish' por las escuelas católicas que sirven a las comunidades hispanas en el sur o en el centro de Los Ángeles o en el Spanish Harlem?". La Universidad de Notre Dame reconoce que sólo puede desempeñar su función en lo que debe ser una gran movilización de energía y recursos entre los líderes religiosos, cívicos, filántropos y educativos. Es con gran humildad que la universidad reconoce la enorme tarea que nos espera. Luego de un año de estudio, reconocemos que este reporte sólo comenzará a iluminar algunos obstáculos y oportunidades que esperamos encontrar y, ciertamente, no pretendemos tener todas las respuestas. Esperamos que esta publicación catalice una conversación nacional; asimismo, nuestra meta es dar seguimiento a este reporte junto con otras personas de manera consistente y compartir los avances que esperamos ver a fin de proveer recursos con aquellas personas que comparten nuestra meta, de informar respecto a la nueva investigación y estrategias que iremos descubriendo, así como continuar redefiniendo las recomendaciones que hemos generado a partir de este documento.

¿Hispano o latino?

Al reunir líderes de toda la nación, nos dimos cuenta rápidamente de que ambos términos, "latino" e "hispano", tienen limitaciones y que ninguno de ellos era abrazado totalmente por cada uno de los miembros que conformaron el equipo de trabajo. El equipo de trabajo dialogó en torno a las diferencias matizadas entre "latino" e "hispano", reconociendo algunas connotaciones y preferencias adjuntas a cada uno de ellos. Reconocemos que la diversidad de la gente a la que estos términos tienen la finalidad de representar, sea que estos términos puedan usarse para referirse a la gente que llegó ayer, procedente desde el sur de Chile, también pueden utilizarse para referirse a la gente cuyas familias fueron parte de los primeros asentamientos de California, Arizona, Nuevo México, Colorado, Tejas y Florida. Mientras que estos términos son limitados y las categorías que representan están, hasta cierto punto, artificialmente definidas, reconocemos que también tienen una utilidad general dada la realidad social, económica y las diferencias relacionadas a los logros educativos entre las personas que se describen a sí mismas como latinas o hispanas y aquellas que no se describen como tales.

Para los fines de este reporte, el Equipo de Trabajo ha decidido usar los términos "latino" e "hispano" de forma intercambiable para referirse a las personas que viven en los Estados Unidos que pueden trazar sus raíces ancestrales al Caribe hispanohablante, México, Centroamérica o Sudamérica.

Rev. Allan Figueroa Deck, SJ
Executive Director
Secretariat of Cultural Diversity in the Church, USCCB

"La presencia latina, más que cualquier otro factor, ofrece a la educación católica la oportunidad de renovarse a sí misma y de enfrentar los desafíos tan controvertidos del siglo XXI. Se nos está presentando una decisión fundamental, que de ignorarla, pondrá en peligro".

clara la existencia de estrategias exitosas, por lo tanto, una función importante del comité de trabajo sería el recopilarlas, presentarlas, formar una plataforma nacional y hacer una prueba de campo de tales recomendaciones. Al examinar las mejores prácticas y enfocarse en el reino de lo posible, el Equipo de Trabajo espera diseñar y promover un plan identificando así estrategias efectivas y obtener el máximo resultado de ellas.

Sr. Rosann Ruiz, FMA
President
St. John Bosco School, San Antonio, TX

"Es una realidad silenciosa el hecho de que la educación católica ha tenido una gran parte en la salud y prosperidad de esta nación. Sin ella, el futuro de esta nación será un despertar explosivo".

A lo largo de este proceso nos dimos cuenta de que numerosas diócesis, escuelas y universidades habían abordado este tipo de asuntos de forma independiente. Dada la crisis que enfrentan las escuelas católicas urbanas, así como los cambios étnicos y demográficos en la composición de la Iglesia, no nos sorprendió el hecho de que otros estuvieran batallando con los mismos asuntos, de forma que sus aportes y experiencia hicieron posible que este trabajo avanzara considerablemente. Por ejemplo, la Arquidiócesis de Nueva York, la Diócesis de Arlington, la Speciality Family Foundation (Fundación para la Especialidad Familiar) y otras han estado trabajando activamente en un proceso de planificación estratégica, programas de apoyo a personas marginadas, investigación de mercadeo y otros esfuerzos a fin de incrementar la capacidad de las escuelas católicas para servir a las familias latinas. Estamos muy agradecidos por haber

"Para la mayoría de los líderes latinos contemporáneos, la educación católica ha sido parte de alguna etapa de su vida, y así como nuestra población latina crece día a día, también crece nuestra responsabilidad ante la Iglesia y ante la sociedad. Las escuelas católicas han sido y continuarán siendo un elemento crucial para el desarrollo del liderazgo latino católico".

Rev. Virgilio Elizondo
Professor of Pastoral and Hispanic Theology
University of Notre Dame

Theresa Fragoso
Director of Programs
Catholic Education Foundation
Los Angeles, CA

"Las escuelas católicas dan a los niños latinos el ambiente, la motivación y los valores morales necesarios para convertirse en ciudadanos bien formados que siempre regresarán a servir a su familia, su parroquia y a su comunidad".

"Hay mucho en riesgo. Nada menos que la futura generación de líderes para nuestro país. Las escuelas católicas deben permanecer como un conducto firme y estable al alcance de las nuevas generaciones de latinos. Su éxito nunca antes ha sido tan importante para nuestra nación y para el futuro de la Iglesia Católica".

Juliet García
President
The University of Texas–Brownsville
Task Force Co-chair

"Mi propia vida se ha forjado y formado en gran medida gracias a la educación que recibí en las escuelas católicas. Primero Dios, espero que nuestro trabajo pueda hacer que la educación católica sea una realidad para miles y miles de niños".

Rev. Joseph Corpora, CSC
Director, University-School Partnerships
Alliance for Catholic Education
Task Force Co-chair

"La visión guadalupana de una cultura avivada por la fe, nos desafía a abrir la riquísima oportunidad de de una educación católica a nuestros niños latinos".

The Most Rev. Jaime Soto
Bishop of the Diocese of Sacramento

"Los niños latinos merecen la mejor educación posible, la que proveen las escuelas católicas. Este proyecto tiene el potencial de cambiar vidas, de cambiar familias; de hecho, de cambiar comunidades".

Celestino Fernández
Professor of Sociology
University of Arizona

áreas principales: ambiente escolar, mercadeo, finanzas y liderazgo escolar. Un equipo se dedicó a explorar una de estas áreas en particular mientras que dos equipos adicionales se dedicaron a apoyar la operación conjunta de tales equipos. Un equipo de investigación proveyó valiosas estadísticas e información demográfica que concentraron aun más el trabajo específico, y eventualmente, las recomendaciones mismas realizadas por los equipos de áreas. Un equipo a cargo del estudio de casos particulares conduजो visitas domiciliarias a docenas de escuelas católicas ejemplares al servicio de las comunidades latinas a lo largo de los Estados Unidos de América, a fin de proveer experiencias de primera mano, ejemplos aplicados de estructuras, servicios y prácticas particularmente efectivas.

Estas visitas fueron diseñadas para asegurarse que las recomendaciones de área en las que se habían enfocado los equipos específicos estuvieran cimentadas en las mejores prácticas reales del mundo y de que estas fueran explicadas y acompañadas de una "amplia descripción". Se eligieron escuelas ejemplares que reflejaran la variedad demográfica de las regiones y contextos a fin de compartir lecciones aplicables a una gran variedad de escuelas y sistemas. A medida que avanzaba la obra del comité de trabajo, se hizo cada vez más y oportunidades relacionadas a la participación de los niños y familias latinas en las escuelas católicas. El Equipo de Trabajo fue co-dirigido por la Dra. Julieta García, Presidenta de la Universidad de Texas–Brownsville, quien a la vez es una figura líder en la comunidad latina; también por el Padre Joseph Corpora, CSC, un miembro de los Sacerdotes de Santa Cruz quien ha sido pastor de comunidades católicas, con dos décadas de experiencia en la fundación, mejora y crecimiento de las escuelas católicas urbanas en las comunidades latinas. El Equipo de Trabajo incluye 52 líderes de primer nivel que actualmente trabajan en las escuelas y con la comunidad latina, incluyendo obispos, superintendentes diocesanos, párrocos, líderes escolares, maestros, filántropos, organizadores comunitarios, expertos en mercadeo y líderes de organizaciones nacionales como la National Catholic Educational Association (Asociación Nacional para la Educación Católica), la United States Conference of Catholic Bishops (Conferencia de Obispos Católicos en los Estados Unidos), el Hispanic Council for Reform and Educational Options (Concilio Hispano para la Reforma y Opciones Educativas) y el National Council of La Raza (Concilio Nacional de la Raza).

El Equipo de Trabajo estuvo formado por seis equipos que condujeron un meticuloso análisis en cuatro

El Equipo de Trabajo incluye 52 líderes de primer nivel que actualmente trabajan en las escuelas y con la comunidad latina, incluyendo obispos, superintendentes diocesanos, párrocos, líderes escolares, maestros, filántropos, organizadores comunitarios, expertos en mercadeo y líderes de organizaciones nacionales.

Rev. Timothy R. Scully, CSC
Director, Institute for Educational Initiatives
University of Notre Dame

"Estamos ante un imperativo moral urgente de servir a nuestra nación y a nuestra fe, haciendo que la ventaja de la educación católica sea algo accesible a millones de talentosos niños latinos a quienes no se les ha servido apropiadamente".

Gilberto Cárdenas
Director, Institute for Latino Studies
University of Notre Dame

"Las familias latinas deben encontrar en las escuelas católicas un lugar en el que sus hijos se rodeen de la fe, los valores y la cultura del hogar".

La Alianza para la Educación Católica y el Instituto de Estudios Latinos

A lo largo de todo el proceso del Equipo de Trabajo, la Alianza para la Educación Católica (ACE, por sus siglas en inglés) y el Instituto de Estudios Latinos (ILS, por sus siglas en inglés) de la Universidad de Notre Dame han servido como oficinas centrales para este Equipo de Trabajo, aprovechando la amplia red de vínculos y recursos que ACE y ILS han desarrollado durante los últimos 15 años.

Fundada en 1993 por los sacerdotes Timothy Scully, CSC y Sean McGraw, CSC, el programa de la ACE sostiene y fortalece a las escuelas católicas de bajos recursos mediante la formación de liderazgo, investigación y servicios profesionales a fin de asegurar que todos los niños, especialmente aquellos que pertenecen a familias de bajos recursos, tengan la oportunidad de experimentar el don y regalo de una educación católica excelente.

La Universidad de Notre Dame fundó el Instituto de Estudios Latinos que hasta la fecha apoya las iniciativas interdisciplinarias para promover el entendimiento de la experiencia latina en los Estados Unidos. Dirigido por el sociólogo Gilberto Cárdenas, nombrado en tres ocasiones por la revista Hispanic Business Magazine como uno de los 100 institutos de mayor influencia en los Estados Unidos, el ILS apoya la misión, la tradición y los valores propiamente católicos de la Universidad de Notre Dame dirigiendo investigaciones y proveyendo información de administración pública concerniente a las comunidades latinas, promoviendo y desarrollando becas universitarias con enfoque en la comunidad latina y participando en los servicios comunitarios en las inmediaciones del campus y más allá de él.

Mediante la ACE y el ILS, la universidad ha desarrollado relaciones confiables de trabajo con docenas de oficinas de escuelas diocesanas, así como organizaciones y líderes de la comunidad latina, incluyendo a más de 1,200 graduados de la ACE, muchos de los cuales son líderes latinos o bien, tienen una amplia experiencia de trabajo con la comunidad latina.

La respuesta de la Universidad de Notre Dame

En el año 2005, como respuesta a la declaración pastoral emitida por la Conferencia de Obispos Católicos en Estados Unidos, *Renewing Our Commitment to Catholic Elementary and Secondary Schools in the Third Millennium* [Renovando nuestro compromiso con las escuelas primarias y secundarias en el Tercer Milenio], la Universidad de Notre Dame acordó formar un equipo de trabajo a nivel nacional para estudiar las distintas posibilidades de fortalecer las escuelas católicas. El equipo de trabajo desarrolló una estrategia para responder a las cuatro necesidades más urgentes presentadas por los Obispos Católicos en los Estados Unidos en su declaración pastoral:

- **Fortalecer la identidad católica**
- **Atraer y formar líderes talentosos**
- **Asegurar la excelencia académica**
- **Financiar las escuelas católicas de tal forma que sean accesibles a todas las familias**

Mientras que trascurría este año de estudio nacional, surgió un común denominador en los cuatro temas: las escuelas católicas necesitan acercarse a los latinos de una forma más efectiva a fin de servir, incluir y facultar a la comunidad latina. De hecho, los obispos se refirieron expresamente a este punto en *Renovando nuestro compromiso*: "También debemos servir a la creciente población Hispana/Latina… las escuelas y parroquias católicas deben reflejar esta realidad e invitar y dar la bienvenida a los hispanos y latinos en las comunidades católicas de los Estados Unidos".[17]

El reporte final del equipo de trabajo *Making God Known, Loved and Served: The Future of Catholic Education in the United States*[18] [Haciendo que Dios sea conocido, amado y servido: el futuro de la educación católica en los Estados Unidos], publicado el año 2006 durante la fiesta de la Inmaculada Concepción, describió un gran número de iniciativas como respuesta a esta recomendación, incluyendo el desarrollo del programa de inglés como nuevo idioma, de la Universidad de Notre Dame. Más aún, hubo un amplio reconocimiento por parte del Equipo de Trabajo de que era necesario un estudio más intenso y enfocado para responder la complejidad de los multifacéticos asuntos concernientes a la participación hispana en las escuelas católicas. Mientras que la universidad por sí misma podía reunir un reporte de investigación tradicional para describir el problema y realizar recomendaciones, pareció claro que el consejo de los expertos ajenos a la universidad —particularmente practicantes y líderes de la comunidad latina a nivel nacional— sería de crítica importancia a fin de conducir una investigación de campo y labrar las recomendaciones esenciales que contribuyeran al incremento de inscripciones de latinos y latinas a nivel nacional a la vez que se previene el cierre de las escuelas católicas.

Por lo tanto, en diciembre de 2008, el presbítero John Jenkins, CSC, Rector de la Universidad de Notre Dame, comisionó un segundo equipo de trabajo para dirigir de forma estratégica la información buscada en desafíos

> **Faro de esperanza**
>
> No es difícil encontrar historias de esperanza relacionadas a las escuelas urbanas. Por ejemplo, la escuela primaria de la parroquia de St. Anthony en la Arquidiócesis de Milwaukee. A la fecha, es la escuela que tiene el estudiantado más grande a nivel nacional, operando al máximo de sus capacidades con más de 1,000 niños latinos que van desde pre kínder hasta 9° grado. Al igual que la ahora cerrada escuela de Easton Catholic, St. Anthony está localizada en un centro urbano económicamente pobre que ha visto y experimentado el cambio demográfico de residentes europeos a residentes latinoamericanos durante las décadas pasadas. Así como Easton Catholic cerró sus puertas, la escuela parroquial de St. Anthony ha estado luchando por abrir puertas nuevas. De hecho, la escuela ha crecido tan rápidamente durante la década pasada que la parroquia ha tenido que rentar espacios ajenos como salones de clase, ha agregado un segundo campus y recién ha inaugurado una escuela preparatoria (high school). La escuela de St. Anthony refleja muchas de las mejores prácticas identificadas por el Equipo de Trabajo, no obstante, dos de los factores más importantes que contribuyen al éxito de la escuela parroquial de San Antonio son el aspecto financiero y organizacional. Primero, las familias se benefician del programa nacional más antiguo de vales, mismos que permiten a los padres de bajos ingresos la oportunidad de escoger una educación católica para sus hijos, aun cuando en circunstancias ordinarias, no pudieran pagar una escuela privada. Segundo, la escuela parroquial de St. Anthony tiene expectativas muy altas de sus alumnos en cuanto a rendimiento académico e implementa una cultura escolar de no excusas que genera resultados tangibles en su trabajo escolar diario, en la calidad literaria del lenguaje, así como en los exámenes nacionales de lectura y matemáticas. Haciendo eco de lo que afirma su material publicitario, la escuela de St. Anthony es verdaderamente un "faro de esperanza".

en los Estados Unidos,[14] considerando que el 67 por ciento de católicos practicantes están entre las edades de 18 a 34 años;[15] asimismo, la oficina nacional del censo predice que la población latina continuará creciendo de forma dramática. Para el año 2050, más del 30 por ciento de los estadounidenses se identificarán a sí mismos como hispanos,[16] por lo tanto, la Iglesia misma necesita responder con urgencia y creatividad a esta coyuntura histórica.

Al final de una década que ha visto la lamentable persistencia de la falta de rendimiento académico en los latinos y que también ha sido testigo del cierre de más escuelas católicas que en ninguna otra década, la Universidad de Notre Dame ha acordado en formar un Equipo de Trabajo para estudiar y responder a estas preguntas. Nuestra esperanza es que lleguemos a entender mejor la forma de fortalecer y sostener las escuelas católicas a fin de poder servir a la creciente población latina que muy pronto comprenderá la mayoría de los católicos estadounidenses. A fin de que el futuro de la comunidad latina sea propiamente servido por las escuelas católicas, es imperativo que no sólo detengamos el cierre de las escuelas católicas, sino que las llenemos en toda su capacidad y más aun, abramos más escuelas. Para el futuro de la Iglesia y de nuestro país, es crítico que preservemos estas incubadoras de crecimiento intelectual, de fe, de carácter, de responsabilidad cívica y liderazgo para el bienestar común.

Actualmente sólo el 3 por ciento de los niños y niñas latinas en edad escolar están registrados en escuelas católicas. La meta de este equipo de trabajo es presentar recomendaciones e implementar iniciativas que dupliquen ese porcentaje en una década. Dado el crecimiento estimado de la población, esta meta significa incrementar de 290,000 niños latinos inscritos en las escuelas católicas a más de 1 millón de estudiantes, contribuyendo notoriamente a mejorar la calidad de vida de miles —de hecho, millones— de familias latinas. Podemos y debemos cumplir esta meta en esta oportunidad histórica.

historial comprobable de aumentar el rendimiento académico en los niños— han cerrado en la década pasada, al mismo tiempo que la comunidad hispana ha crecido rápidamente a lo largo y ancho del país.[11]

A fin de que el futuro de la comunidad latina sea propiamente servido por las escuelas católicas, es imperativo que no sólo detengamos el cierre de las escuelas católicas, sino que las llenemos en toda su capacidad y más aun, abramos más escuelas.

CNS Photo

El éxito de la escuela St. Rose of Lima y el cierre de Easton Catholic traen a nuestra mente docenas de preguntas. ¿Cómo es que dos escuelas en circunstancias similares pueden divergir tan radicalmente? ¿Qué razones llevan a una escuela a cerrar mientras que otra se adapta y lucha?

¿Por qué a nivel nacional sólo el 3 por ciento de la población hispana en edad escolar forma parte de las escuelas católicas, especialmente cuando los estudios han demostrado de forma convincente que las escuelas católicas son efectivas de forma especial en reducir el número de personas que logran el nivel de rendimiento académico esperado entre estudiantes minoritarios? Dado que las escuelas católicas han establecido un historial comprobable de éxito, ¿por qué razón los latinos no están lo suficientemente representados en las escuelas católicas?

Y, posiblemente más alarmante aún, ¿por qué este vacío crece aun más año con año? ¿Hasta qué punto los padres de los niños y niñas latinos valoran la educación católica para sus hijos e hijas? ¿Hasta qué punto se sienten responsables de las escuelas católicas en sus vecindarios? ¿Hasta qué punto las finanzas y la enseñanza juegan un papel importante en las decisiones de la familia hispana respecto a la educación? ¿Qué efecto tiene el ambiente escolar en la atracción y retención de los estudiantes latinos? ¿Qué tan efectivamente se están promoviendo las escuelas católicas entre las familias latinas y otras familias que pueden beneficiarse de la educación católica? ¿Hay vínculos suficientes entre los modelos de gobernanza y liderazgo que tengan un impacto directo en las inscripciones?

Estas preguntas deben considerarse a la luz de tres hechos cruciales. Primero, las escuelas católicas están al servicio de los latinos y de otros estudiantes a quienes no se ha servido apropiadamente. La investigación realizada en torno a este punto es estable y clara, y los sociólogos han llamado a este fenómeno: "el efecto de escuelas católicas".[13] Segundo, en realidad la mayoría de las escuelas católicas operan por debajo de su capacidad, por lo tanto, al inscribir estudiantes hispanos se fortalecerán, se convertirán en instituciones más robustas y estarán más sintonizadas con su misión. Tercero, al momento presente, los latinos componen el 35 por ciento de la población católica

Para alentar el espíritu de una nación

En el discurso que el Papa Benedicto XVI dirigió en al año 2008 a los educadores de las universidades católicas estadounidenses, les imploró: "No abandonen el apostolado educativo; más aún, renueven su dedicación a las escuelas, en particular a las que se hallan en las zonas más pobres". Plenamente consciente de los desafíos financieros que enfrentan las escuelas católicas, el Papa Benedicto exhortó: "Hay que garantizar que puedan mantenerse a largo plazo. En efecto, se ha de hacer todo lo posible, en estrecha colaboración con la comunidad, para asegurar que sean accesibles a personas de cualquier estrato social y económico. A ningún niño o niña debe ser negado el derecho de una educación en la fe, que a su vez aliente el espíritu de una nación".[12]

pérdida para la Iglesia en términos de oportunidades perdidas de formar a muchos jóvenes en la fe; asimismo, cada escuela católica cerrada también representa una oportunidad perdida para la comunidad local y el bien común. Los resultados que arrojan las investigaciones nos dicen que si los niños hispanos que viven cerca de Easton Catholic tuvieran la oportunidad de asistir a esa escuela, tendrían un 42 por ciento más de posibilidades de graduarse de preparatoria y una posibilidad de dos y medio de graduarse de la universidad.[4] De manera similar, un estudio reciente realizado en Los Ángeles concluyó que el 98 por ciento de los niños pertenecientes a familias minoritarias y de bajos ingresos que asisten a las escuelas católicas se gradúan en cuatro años de la preparatoria, comparado a un 66 por ciento de los estudiantes de las escuelas públicas.[5]

Décadas de investigación nos dicen que no hay sistema de escuelas —academias de educación pública (*charter schools*), privadas o públicas— que haya demostrado tal efectividad para los niños más vulnerables a sistemas escolares no satisfactorios.[6] Las investigaciones también nos indican que las personas graduadas de escuelas católicas son más tolerantes de los diversos puntos de vista, tienen mayores probabilidades de votar, tienen una mayor participación cívica, e incluso, su ingreso económico es mayor que el de sus colegas egresados de las escuelas públicas.[7] Debemos añadir que ningún sistema de escuelas logra este éxito con una eficiencia económica tan dramática, educando a sus estudiantes con menos de la mitad del costo que invierten en cada estudiante las escuelas vecinas del sistema público y así como en sus respectivas academias de educación pública.[8] Así como los obispos, pastores, educadores y fieles sufren la pérdida de las escuelas católicas como canales efectivos para transmitir la fe de una generación a otra, también la comunidad local sufre el cierre de cada escuela, como el cierre de una institución extraordinariamente efectiva que de hecho ha contribuido a aumentar el rendimiento académico en los niños que pertenecen a familias de bajos ingresos o que forman parte de algún grupo minoritario.

Y los efectos del vacío generado por esa falta de rendimiento académico son perniciosos y de consecuencias a largo plazo. Tienen un impacto negativo sobre todos nosotros. Un análisis reciente llevado a cabo por McKinsey & Company determinó que la falta de rendimiento académico apropiado tiene efectos dramáticos en la economía nacional y en el bien común.[10] El reporte concluyó que la falta un rendimiento académico apropiado "impone sobre los Estados Unidos el equivalente económico de una recesión nacional", inhibiendo el PIB por un total de $525 billones —o 4 por ciento del PIB estadounidense— anuales. Estas conclusiones hacen más alarmante aun el hecho de que 18 por ciento de las escuelas católicas —las únicas escuelas que han establecido un

La ventaja de la escuela católica

Los sociólogos han descrito el "efecto de escuelas católicas", como aquel que describe los beneficios educativos que aumentan la cantidad de niños que se inscriben en las escuelas católicas.[9] En el presente reporte nos referimos a este efecto como "La ventaja de la escuela católica", que implica una amplia descripción de ventajas y resultados integrales vinculados a las escuelas católicas orientadas a los estudiantes de bajos ingresos o que forman parte de un grupo minoritario. En realidad, hay muchas dimensiones que emanan de las ventajas de las escuelas católicas, incluyendo promedios de graduación más altos, historial de logros académicos, formación de carácter y de compromiso cívico.

Los resultados que arrojan las investigaciones nos dicen que si los niños hispanos que viven cerca de Easton Catholic tuvieran la oportunidad de asistir a esa escuela, tendrían un 42 por ciento más de posibilidades de graduarse de preparatoria y una posibilidad de dos y medio de graduarse de la universidad.

la comunidad católica local.

Fundada para servir a los católicos procedentes de Italia, Easton Catholic (inicialmente St. Anthony, hasta que en 1970 recibió el nombre de Easton Catholic, como resultado de una consolidación de tres escuelas parroquiales) experimentó una serie de retos durante las décadas recientes: de tener una facultad de personas con votos religiosos a una facultad laica; incremento rápido de los costos del personal; cambio demográfico en el vecindario local; un cambio notabilísimo en la economía local que de manufacturación pasó a servicio; finalmente, los desafíos financieros que tales cambios ejercieron en la inscripción de los alumnos. Tristemente, conocemos esta historia bastante bien, pues, literalmente hablando, se ha dado en cientos de parroquias a lo largo del país. A partir del año 2000 han cerrado más de 1,400 escuelas católicas y como resultado directo, más de medio millón de estudiantes ya no están más en escuelas católicas.

A partir del año 2000 han cerrado más de 1,400 escuelas católicas y como resultado directo, más de medio millón de estudiantes ya no están más en escuelas católicas.

A pesar de todo, el continuo decrecimiento en la inscripción de alumnos y el cierre eventual de Easton Catholic no fue algo inevitable. Este vecindario no tiene menos niños en edad escolar que los que recibió en toda su capacidad hace 40 años. De hecho, tampoco hay menos católicos en el vecindario; la gran cantidad de italoamericanos ha sido reemplazada ampliamente por una población mayormente hispana. De hecho, los datos del censo nos dicen que más de 800 niños latinos entre las edades de 5 a 14 años viven a una distancia razonable para caminar, del edificio ahora vacío de lo que un día fue Easton Catholic School.

Para el Padre Joe Corpora, CSC, sacerdote católico y egresado de Easton Catholic, la escuela le proveyó una experiencia de formación importantísima en el resto de su vida. Al informarse acerca del cierre de la escuela, el padre Joe escribió lo siguiente en un editorial de opinión, publicado en el periódico de su ciudad natal: "La educación y formación que recibí ahí durante nueve años me formó y marcó mi vida para siempre. Siempre estaré agradecido por ello". En su carta, el padre Corpora, siendo él mismo el pastor responsable de algunas escuelas católicas en comunidades urbanas durante los últimos 20 años, sufrió la pérdida de esta escuela en su propia comunidad, describiendo la tarea de mantener "una parroquia viva, activa, fuerte y plena en vocaciones", en la ausencia de una escuela parroquial, como "tratar de mantener las luces encendidas en el campo santo".

Ciertamente, cada escuela católica que se ha cerrado representa una

---

$20 billones de dólares anuales

El mantenimiento de las escuelas católicas es importante para la comunidad católica, no obstante, también tiene consecuencias positivas en el bienestar común. Dado que es el sistema alternativo más grande de educación pública, las escuelas católicas ayudan a mantener a las escuelas públicas como instituciones responsables ante la sociedad civil y la viabilidad de las mismas asegura que las escuelas católicas continúen ahorrándole a las escuelas públicas billones de dólares. Por ejemplo, a una escuela pública de Chicago le cuesta más de $10,000 dólares anuales educar a un alumno de escuela primaria o elemental y más de $13,000 educar a cada estudiante de preparatoria. Al haber educado y enseñado a 96,197 estudiantes durante el curso escolar 2007-2008, las escuelas católicas del área de Chicago le ahorraron al sistema de educación pública $1,031,415,280.[2] A nivel nacional, las escuelas católicas les ahorraron a los contribuyentes fiscales más de $20 billones de dólares.[3]

tuación es clara: "Mis hijos pueden ir gratis a la escuela pública. Pero para mí, vale la pena pagar por su educación porque no solamente se les enseña en el aspecto académico, sino que también se fortalecen las enseñanzas católicas así como el estilo de vida católica". La convicción de la Señora García, apoyada por muchos padres de familia, en cuanto al rigor académico, el fuerte sentido de bienvenida y de comunidad, el énfasis en la formación del carácter así como la identidad religiosa intercultural, son distintivos de la escuela de St. Rose, fue sostenida también, en conversaciones separadas, por el párroco, la directora de la escuela así como por la facultad que la conforma.

La escuela de St. Rose of Lima es una escuela muy especial que ha sido bendecida con un liderazgo fuerte y unificado, una facultad magnífica y dedicada, así como una participación abundante y orientada por parte de los padres de familia. A la luz del continuo cierre de escuelas católicas que se ha experimentado durante la década pasada, ciertamente se siente como si fuera un milagro el encontrar una escuela urbana al servicio de las familias pobres ¡con una lista de espera!

Aun así, al presentar a esta escuela como un milagro, nos arriesgamos a cegarnos a nosotros mismos a lo que el pensamiento valiente e innovador —en el contexto de la fe— puede lograr. En ocasiones Dios decide bendecirnos con la gracia —algunas veces con milagrosa abundancia— sin por ello escatimar el compromiso de servir a los hijos e hijas de Dios. ¡La escuela de St. Rose of Lima es un verdadero milagro! Aun así, este milagro no es enteramente único, puesto que historias similares de éxito, milagros "parecidos", pueden encontrarse en una gran variedad de ciudades y contextos a lo largo y ancho de los Estados Unidos de América. Cuando fijamos la mirada más allá de los cientos de escuelas católicas que han cerrado durante la última década —cuando vemos la escuela de St. Rose of Lima y estudiamos la causa de su éxito— somos testigos de que el tipo de milagros que se realizan en St. Rose también pueden ser alcanzables para muchas otras personas.

Historias exitosas como la de la escuela de St. Rose of Lima pueden encontrarse casi en cada una de las grandes ciudades de los Estados Unidos de América. Aunque es cierto que

Historias exitosas como la de la escuela de St. Rose of Lima pueden encontrarse casi en cada una de las grandes ciudades de los Estados Unidos de América.

cientos de escuelas católicas urbanas han cerrado anualmente durante la última década, es posible encontrar escuelas católicas florecientes en Los Ángeles, Dallas, Nueva York, Chicago, Memphis, Tucson y en cualquier otra parte.

A menos de que estas historias de éxito se multipliquen ampliamente, la historia del sistema de escuelas católicas en la primera década del siglo XXI, se concentrará en los cientos de escuelas que han cerrado a partir del año 2000. Esta historia puede comprobarse en Easton Catholic, una escuela parroquial localizada en una ciudad industrial de mediano tamaño en la diócesis de Allentown. Teniendo como causa los problemas financieros debido al decrecimiento de inscripciones que recientemente ni siquiera llegó a 100 estudiantes, en el año 2009, la diócesis decidió cerrar la escuela luego décadas de servicio a

Introducción

"Convertimos las viejas piezas de madera en mesas para computadoras, cartones en persianas, y cientos de niños en situaciones de alto riesgo en graduados de preparatoria. Es nuestro intento modesto de seguir a un hombre que hizo de unos cuántos panes y pescados alimento para miles de personas".

Estas palabras —tomadas de un tríptico informativo de la escuela católica St. Rose of Lima— capturan el vibrante propósito y logro de los estudiantes, padres de familia, maestros y de todo el equipo de liderazgo que conforma esta escuela primaria de la Arquidiócesis de Denver, localizada en un barrio pobre, predominantemente latino. Aun más, el logro de los graduados de St. Rose of Lima garantiza la comparación con los milagros de Jesús: en una ciudad donde menos del 20 por ciento de los varones latinos se gradúan de la preparatoria, cada uno de los varones latinos continúa hasta graduarse de preparatoria, realizando así una oportunidad de alcanzar la plenitud de su potencial humano. Durante los últimos 15 años, los alumnos de St. Rose of Lima aumentaron a un 98 por ciento el promedio de graduados de preparatoria, comparado con un 50 por ciento de los latinos a nivel nacional y menos de un 30 por ciento de los latinos en Denver.[1]

Al comparar sus esfuerzos con el milagro de los panes y los peces, la comunidad escolar de St. Rose of Lima sugiere que la escuela es un milagro, y de alguna manera, lo es. Los recursos parroquiales son escasos; la parroquia en sí misma, con 300 familias, es muy pequeña, e inclusive, recibe ayuda financiera de la fundación arquidiocesana *Seeds of Hope* (Semillas de Esperanza), la mayoría de las familias de los estudiantes hacen enormes sacrificios financieros a fin de que sus hijos se eduquen en la escuela parroquial de St. Rose of Lima. De acuerdo a Tanya García, una madre con dos hijos en St. Rose, la si-

mos buscar la nueva vida que Nuestra Señora de Guadalupe ha hecho posible, aun en medio de un frío invierno. Por eso es que buscamos signos de esperanza, buscamos "rosas en diciembre" con la fe en que la búsqueda disciplinada y la espe-

> *Podemos encontrar historias extraordinarias —incluso milagrosas— de escuelas católicas urbanas sirviendo a las comunidades latinas con celo y tenacidad, en los lugares más inimaginables.*

ranza dedicada darán su fruto. Este reporte emitido por el Equipo de Trabajo demuestra que podemos encontrar historias extraordinarias —incluso milagrosas— de escuelas católicas urbanas sirviendo a las comunidades latinas con celo y tenacidad, en los lugares más inimaginables y con resultados excepcionales.

Nuestra meta y la de este reporte es iluminar la realidad de esas escuelas, esas rosas en diciembre, a fin de identificar maneras de atraer y apoyar la plena participación de la comunidad latina en el sistema de escuelas católicas de los Estados Unidos de América. Para la Universidad de Notre Dame, este reporte es el primer paso hacia un compromiso a largo plazo de atraer y apoyar a la comunidad latina mediante las escuelas católicas. Con esto, el equipo de trabajo presenta un desafío audaz para la Iglesia: proveer la ventaja de una escuela católica a un millón de niños hispanos en un periodo de diez años. El hacerlo implicará duplicar el porcentaje de 3 a 6 por ciento de niños latinos que actualmente se benefician de las ventajas educativas, sociales y espirituales del sistema de escuelas católicas; asimismo, este crecimiento revertirá simultáneamente la tendencia urbana de cerrar escuelas católicas, tendencia que afecta desproporcionadamente las comunidades latinas y otras poblaciones con profunda necesidad de escuelas efectivas.

Ofrecemos estas reflexiones y recomendaciones en el espíritu de san Juan Diego, con una fe confiada en que las rosas en diciembre, descritas aquí, aviven las escuelas católicas —y mediante ellas, las comunidades latinas y el bien común—; así como Nuestra Señora de Guadalupe trajo nueva vida, primero a la cima del rocoso Tepeyac y después a todo el continente Americano.

Dado en Notre Dame,

Rev. John I. Jenkins, CSC
Rector

12 de diciembre de 2009
Fiesta de Nuestra Señora de Guadalupe

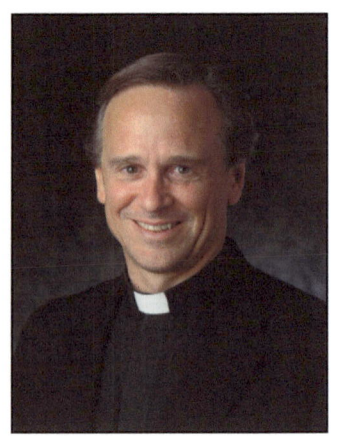

Prefacio

Es difícil pensar en la participación de la comunidad latina en las escuelas católicas estadounidenses sin tener en mente a Nuestra Señora de Guadalupe, patrona de América. En el año de 1531 la Virgen María apareció a un indígena en el cerro del Tepeyac, cerca de la ciudad de México, llamándolo por su nombre: "¡Juan Dieguito, el más pequeño de mis hijos!". A fin de señalar la nueva vida que ella representaba, la Virgen Morena envió a Juan Diego a la cima de una montaña rocosa, en pleno invierno, donde encontró un milagroso campo de rosas. Las rosas decembrinas florecientes en aquella cumbre desierta, junto con la imagen de Nuestra Señora en la tilma de Juan Diego, representaron el inicio de una nueva era —de dignidad y salvación— para los pueblos de América.

Mientras que hemos sido testigos del crecimiento de la población latina en los Estados Unidos, más de 1,400 escuelas católicas han cerrado sus puertas en esta década. Conocemos muy bien el efecto negativo que tendrá en las cada vez menos oportunidades para las comunidades urbanas de nuestra nación, muchas de las cuales son cada vez más latinas. Cada escuela católica que cierra sus puertas representa una oportunidad perdida de educar a un niño hispano, de mejorar la vida de una familia latina, de contribuir al bien común. Estos edificios cerrados recientemente, así como los lugares donde se encuentran, a menudo, son como la desértica cumbre del cerro del Tepeyac, pedregosos y sin vida.

Al igual que Juan Diego, debe-

Índice

Sección 1	Prefacio	4
Sección 2	Introducción	6
Sección 3	La respuesta de la Universidad de Notre Dame	12
Sección 4	Nuestra comunidad latina	18
Sección 5	Resumen de las conclusiones emitidas por el Equipo de Trabajo	21
Sección 6	Conclusiones: obstáculos y oportunidades	25
Sección 7	Recomendaciones	41
Sección 8	Conclusión	60
Notas		61
Apéndice		63

Copyright © 2009

Alliance for Catholic Education Press
at the University of Notre Dame
158 IEI Building
Notre Dame IN 46556
http://www.nd.edu/~acepress

All rights reserved.

ISBN 978-0-9819501-7-4

Traducido al español por Miguel Arias

Diseño de portada a cargo de Mary Jo Adams Kocovski
Diseño interior a cargo de Julie Wernick Dallavis

Un agradecimiento especial a aquellas personas que contribuyeron con sus fotografías a este reporte: Escuela de Guadalupe, Denver, CO; Mother of Sorrows School, Los Ángeles, CA; St. Ann School, Chicago, IL; St. Anthony School, Harlingen, TX; St. Augustine School, Dallas, TX; St. Mary of Carmel School, Dallas, TX; St. Rose of Lima School, Denver, CO; Christian Dallavis; Clarisel Gonzalez; y a Matt Cashore, fotógrafo de la Universidad de Notre Dame.

Para alentar el espíritu de una nación:
familias latinas, escuelas católicas y oportunidades educativas

UN REPORTE DE

El Equipo de Trabajo de la Universidad de Notre Dame
respecto a la participación de los niños
y familias latinas en las escuelas católicas

12 DE DICIEMBRE DE 2009
Fiesta de Nuestra Señora de Guadalupe